JN034323

新・教職課程演習　第22巻

教育実習・教職実践演習

筑波大学体育系准教授　三田部　勇
広島大学大学院准教授　米沢　崇　編著

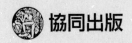
協同出版

刊行の趣旨

　教育は未来を創造する子どもたちを育む重要な営みである。それゆえ，いつの時代においても高い資質・能力を備えた教師を養成することが要請される。本『新・教職課程演習』全22巻は，こうした要請に応えることを目的として，主として教職課程受講者のために編集された演習シリーズである。

　本シリーズは，明治時代から我が国の教員養成の中核を担ってきた旧東京高等師範学校及び旧東京文理科大学の伝統を受け継ぐ筑波大学大学院人間総合科学研究科及び大学院教育研究科と，旧広島高等師範学校及び旧広島文理科大学の伝統を受け継ぐ広島大学大学院人間社会科学研究科（旧大学院教育学研究科）に所属する教員が連携して出版するものである。このような歴史と伝統を有し，教員養成に関する教育研究をリードする両大学の教員が連携協力して，我が国の教員養成の質向上を図るための教職課程の書籍を刊行するのは，歴史上初の試みである。

　本シリーズは，基礎的科目9巻，教科教育法12巻，教育実習・教職実践演習1巻の全22巻で構成されている。各巻の執筆に当たっては，学部の教職課程受講者のレポート作成や学期末試験の参考になる内容，そして教職大学院や教育系大学院の受験準備に役立つ内容，及び大学で受講する授業と学校現場での指導とのギャップを架橋する内容を目指すこととした。そのため，両大学の監修者2名と副監修者4名が，各巻の編者として各大学から原則として1名ずつ依頼し，編者が各巻のテーマに最も適任の方に執筆を依頼した。そして，各巻で具体的な質問項目（Q）を設定し，それに対する解答（A）を与えるという演習形式で執筆していただいた。いずれの巻のどのQ&Aもわかりやすく読み応えのあるものとなっている。本演習書のスタイルは，旧『講座教職課程演習』（協同出版）を踏襲するものである。

　本演習書の刊行は，顧問の野上智行先生（広島大学監事，元神戸大学長），アドバイザーの大髙泉先生（筑波大学名誉教授，常磐大学大学院人間科学研究科長）と髙橋超先生（広島大学名誉教授，比治山学園理事），並びに副監修者の筑波大学人間系教授の浜田博文先生と井田仁康先生，広島大学名誉教授の深澤広明先生と広島大学大学院教授の棚橋健治先生のご理解とご支援による賜物である。また，協同出版株式会社の小貫輝雄社長には，この連携出版を強力に後押しし，辛抱強く見守っていただいた。厚くお礼申し上げたい。

　2021年4月

監修者　筑波大学人間系教授　清水　美憲

広島大学大学院教授　小山　正孝

序文

　教育職員免許法の改正（2016年11月）及び同法施行規則の改正（2017年11月）により，教職課程で履修すべき事項が約20年ぶりに全面的に見直された。教職課程においては，実践的指導力のある教員を養成するため，教科の専門的内容と指導法を一体的に学ぶことを可能とする「教科及び教職に関する科目」に大括り化される等，科目区分が再編された。

　また，大学における教員養成の下，学芸的側面が過度に強調されたり，担当教員の関心に基づいた授業が展開されたりしているといった課題や，学校現場の課題が複雑・多様化する中，教員養成課程において実践的指導力や新たな課題への対応力の修得が不可欠であるといった社会的要請がなされた。それにより，すべての大学の教職課程で共通的に修得すべき資質能力を明確化することで教員養成の全国的な水準を確保する「教職課程コアカリキュラム」が策定され，具体的な内容と到達目標が定められている。さらに，2020年度から小学校で，2021年度からは中学校で，そして2022年度からは年次進行で高等学校の新学習指導要領が実施されるにあたり，学校現場へ教員として送り出す教職課程の果たす役割は年々大きくなっている。

　その中でも，「教育実習」と「教職実践演習」は，改正された教育職員免許法において「教育実践に関する科目」に区分されており，実践的指導力を身に付けるために，教職課程での学びと学校現場での学びとを架橋する役割を果たすものである。

　本書は，「新・教職課程演習」全22巻の最終巻であり，教育実習・教職実践演習を教職課程のまとめとして位置づけ，編集したものである。

　大学では，近年，学校インターンシップ，学校ボランティア等，様々な体験活動や演習を教職課程に位置づけているが，その中でも教育実習はこれまで学んだ理論と実践を往還させる，総合的な学修と捉えることができる。また，教職実践演習は教育実習での経験を踏まえながら，教職課程全体の学びの軌跡を振り返る貴重な機会となる。これらを経験することは，教職を目指す者にとってはもちろんのこと，教員免許状取得を目指す者にとっても大きな学びをもたらすことになる。

　本書は，それらの学びの一助になるよう，次のような章立てにより構成されている。

　各章の中で，具体的な質問項目をあわせて60題想定し，それに答える形で2−4頁にまとめて記載するという演習形式をとっている。特に，教育実習に参加するにあたっては，様々な疑問や心配も出てくる事が考えられるので，より具体的な場面や子供との関わりを想定し，答えるようにしている。しかしながら，一問一答ではなく，目的や意義についてもしっかりおさえられるような構成としているので，教職実践演習も含めて，その「目的と意義」と「実際」を対応させるように活用していただきたいと願っている。

　なお，2020年には，新型コロナウイルス感染症の拡大により，通常の教育実習が困難な状況もみられたため，文部科学省は同年度に限った特例として，大学での模擬授業などの実習や，各教科の指導法，生徒指導などの講義で代替できるようにした。また，介護等の体験についても，同年度は特例として文部科学省が指定した教材などを学修し大学にレポートを提出したり，特別支援教育に関する単位を修得したりする事で代替できることとなった。予測困難な社会という点では，今後の国の対応にも注視していく必要がある。

　さらに，近年は，様々な教育問題が指摘される中，教員志望者の減少傾向もみられている。その中には，子供との関わりを持つことなく，教職を諦めてしまう学生も少なくない。ぜひ，本書を手にする皆さんには，教職の学びを積み重ね，教育実習に参加し，実際の学校現場で，子供と触れ合う経験をしていただきたい。そこでは，学術的な学修や模擬授業等では得られなかった様々な学びがあり，教員としてのやりがいをきっと発見できるはずである。これからの教育界を担う，新しい力の参入をぜひ期待したい。

2021年6月

編者　三田部　勇・米沢　崇

目次

第3章 教育実習の目的と意義

第4章 「学生」から「教師」への視点の転換をもたらす教育実習の実際

第5章　教職実践演習の目的と意義

第6章　学びの軌跡の集大成としての教職実践演習の実際

第 1 章

教職課程の目的と意義

Q1 「教師」と「教員」の違いについて論じなさい

「教師」と「教員」は普段よく耳にする言葉であり，どちらも論文や学会発表でも使われている言葉です。「教師」と「教員」の違いについて法令に触れながら答えたいと思います。

1.「教師」と「教員」の違いについて

「教師」の意味の1つには一般に学問・技能・技術などを教える人というものがあり（明鏡国語辞典，2011），対象は広いです。つまり，学校だけでなく，例えばピアノ教室でピアノを教える人はピアノ教師と言われています。「教師」と「教員」は一見同じように思われがちですが，詳しくは使われ方に違いがあります。「教員」という言葉は限定的に使われ，「教員」は学校の教師のことを指しています。そして，「教員」という言葉は法令の中で使われています。「教員」という言葉を使っている法令には教育基本法，学校教育法，教育公務員特例法，教育職員免許法等があります。学校は，幼稚園，小学校，中学校，義務教育学校，高等学校，中等教育学校，特別支援学校，大学及び高等専門学校とされています（学校教育法第1条）。法令の示すところから考えると，学校では「教員」としての在り方が重要であるということになります。

2.「教員」と法令について

「教員」は学校という組織に属している教師であるため，学問・技能・技術などを教える役割が基本にあります。しかし，それ以外に学校を運営するための組織（校務分掌）の一員としての役割を果たすという仕事等もあります（宮古，2018）。学校は組織として幾つかの目標を有しています。例えば学校経営目標や教育目標等がそうです。各「教員」はその目標達成のために何らかの校務を分掌することになります。校務については，校長は校務をつかさどり所属職員を監督することとされています（学校教育法第37条第4項）。

そして校務分掌は，調和のとれた学校運営が行われるためにふさわしい仕組みを整えるものとされているのです（学校教育法施行規則第43条等）。また，公立学校の「教員」は「教育公務員」という呼ばれ方をされます。「教育公務員」には専門的教育職員も含まれ，専門的教育職員とは指導主事及び社会教育主事です（教育公務員特例法第2条）。「教育公務員」としての「教員」は，関係法令の影響を受け，公務員としての在り方も求められることになります。例えば，政治的行為が制限されています（教育公務員特例法第18条）。また，公立学校の「教員」には地方公務員法も関係します。さらに，県費負担教職員を任命するのは都道府県教育委員会で（地方教育行政の組織及び運営に関する法律第37条第1項），市町村教育委員会は県費負担教職員の服務を監督することになっています（同第43条第1項）。

　「教員」の資質能力向上に向けては努力が求められています。例えば，「教員」は，自己の崇高な使命を深く自覚し，絶えず研究と修養に励み，その職責の遂行に努めなければならないとされています。そして，養成と研修の充実が図られなければならないとされています（教育基本法第9条）。研修については教育公務員特例法第21条等でも示され，資質能力の向上に関する指標についても触れられています（同第22条の3）。また，「教育職員」という呼び方もあり，教育職員免許法において，有する相当の免許状が二種免許状であるものは相当の一種免許状の授与を受けるように努めなければならないとされています（教育職員免許法第9条の5）。

　このように，「教員」には様々な要素が付随してくるのです。実際に学校教育の現場に立った時は「教員」としての在り方を問われる場面が多いことに気付くと思います。法令にも努めて目を通すことを通して「教員」としての自覚を高めることが必要だと思われます。

引用・参考文献

北原保雄編（2011）『明鏡国語辞典第二版　大型版』大修館書店.
宮古紀宏（2018）「職業としての教師」八尾坂修編著『新時代の教職概論　学校の役割を知る　教師の仕事を知る』ジダイ社，pp.34-49.

（髙橋　均）

Q2 教員になるために教員免許状が必要な理由を説明しなさい

　教育職員免許状（以下，教員免許状）は，教育職員免許法（以下，教免法）等に基づいて都道府県教員委員会から授与される公的証明書です。ここでは，教育職員（以下，教員）になるために，なぜ教員免許状が必要となるのかについて説明します。

1．日本の教員免許制度

　我が国の教員免許制度は，1949年に制定され，幾度かの改正を経た現行の教免法によって規定されています。この法律は「教育職員の免許に関する基準を定め，教育職員の資質の保持と向上を図ること」（教免法第1条）を目的としています。この法律でいう「教育職員」とは，学校教育法の第1条に定める学校の教諭などを指しています（教免法第2条第1項，就学前の子どもに関する教育，保育等の総合的な提供の推進に関する法律第2条第7項を参照）。ところで，教免法第3条第1項では，学校種ごとあるいは教科ごとに応じた各相当の教員免許状を有する必要があると規定されています。例えば，小学校の教諭になるには小学校の普通免許状が，中学校数学科の教諭になるには中学校数学科の普通免許状がそれぞれ必要となります。これを「相当免許状主義」と言います。相当免許状主義が採られている理由は，教員が子供の人格形成及び知識・技能の基礎・基本の獲得に大きな影響を及ぼす存在であり，子供の発達段階等に応じて各学校種で教員に求められる専門性がそれぞれ異なっていることから，各相当の専門性＝教員免許状を有する者でなければならないのです。

2．教員免許状の種類と取得方法

　教員免許状には，普通免許状，特別免許状，臨時免許状の3つの種類があり，これらには有効期間が設けられ，普通免許状と特別免許状は10年間，

臨時免許状は原則３年間（特例の場合，最大６年間）となっています。ここ
では，普通免許状について説明します。

　普通免許状は，教諭，養護教諭及び栄養教諭それぞれの教員免許状があ
り，全ての都道府県において有効です。教諭は学校種ごと（義務教育学校，
中等教育学校及び幼保連携型認定こども園を除く。）に分かれ（教免法第４
条第２項），中学校及び高等学校は教科別となっています（教免法第４条第
５項）。この普通免許状は専修，一種，二種に区分され，専修免許状には修
士の学位，一種免許状には学士の学位，二種免許状（高等学校教諭を除く。）
には短期大学士の学位を有することが基礎資格となっています。なお，特別
支援学校教諭の普通免許状は，基礎資格として小学校，中学校，高等学校又
は幼稚園の教諭の普通免許状を有することになっています。

　一般的に普通免許状の取得には，文部科学大臣が教員免許状授与の所要資
格を得させるために適当であると認定を受けた教職課程を有する大学（短期
大学，大学院等を含む。）の授業科目の単位を修得する必要があります。教
免法施行規則第２条，第３条，第４条，第５条の表に，各学校種の教諭の普
通免許状の基礎資格や最低修得単位数が示されています。この他に，教免法
等で特に必要なものとして定められた科目の単位も修得しなければなりませ
んので（同法施行規則第66条の６），入学時に配付された大学の学生便覧を
参照してみるとよいでしょう。また，1997年の「小学校及び中学校の教諭の
普通免許状授与に係る教育職員免許法の特例等に関する法律」の施行以降，
小学校と中学校の普通免許状の取得には計７日間の介護等の体験（原則，特
別支援学校での２日間と社会福祉施設その他の施設での５日間）を行うこと
が義務付けられ，教員免許状の授与申請時には証明書の提出が求められます。

　最後に，教員免許状の取得が教員に求められる専門性を確実に有すること
の証明ではなく，教員としての第一歩だと自覚しておく必要があるでしょう。

参考文献

米沢　崇（2014）「教職への道」曽余田浩史編著『教職概論』協同出版，
　　　pp.23-37.

（米沢　崇）

Q3 教員免許状を取得するために教職課程で学ぶ 理由を説明しなさい

　一般的に教員免許状は，文部科学大臣による教職課程の認定を受けた大学において所定の単位を修得することが，授与の資格要件となっています。戦後，日本の教員養成制度は，「大学における教員養成」と「開放制」を原則としてきました。大学における教員養成の歴史及び制度を踏まえて，教員免許状を取得するために教職課程で学修する意味について答えたいと思います。

1. 教員養成制度の二大原則

　教員免許状授与の条件は，教育職員免許法（以下，教免法）が規定しています。一般的には，教免法が定める基礎資格を有し，かつ，大学もしくは文部科学大臣の指定する養護教諭養成機関において，定められた単位を修得した者に授与されます（教免法第5条第1項）。ここでの大学とは，文部科学大臣が適当であると認めた課程の大学を意味します。これは，戦後日本の教員養成の基本理念として「大学における教員養成」を原則としてきたためです。

　戦前の教員養成では，近代公教育の発達にともなう初等学校教員の量的需要の増大に対応するため，養成機関として各府県に師範学校を設けました。師範学校は，高等小学校卒業を入学資格とする中等教育機関であり，エリート人材養成を目的とする大学とは別系統の非アカデミックな位置づけでした。中等学校の教員養成機関としては高等師範学校が置かれましたが，需要増大に応じた大量の教員確保は難しく，旧制帝国大学や無試験検定資格を担った専門学校等の高等教育機関の卒業生がその多くを占めました。

　戦後教育改革では，師範学校への国家主義的な統制や偏狭な見識・学力が批判の対象となりました（師範教育批判）。この背景のもとで教員養成の在り方が検討され，大学の自由な雰囲気（学問の自由，大学の自治）と大学レベルの学力に期待するかたちで，「大学における教員養成」に転換しました。

　もう一つの原則である「開放制」とは，教員免許状授与の開放的なシステ

ムを指します。旧制度の師範学校における教員養成への反省から，国・公・私立いずれの大学で学んでも，教職課程の所要単位を修得した者に対して，広く教員免許状を授与する仕組みです。これにより，教員養成を主とする大学・学科以外にも，多くの一般大学が教員養成に参入できるようになりました。また，教員の安定的供給という量的確保にとどまらず，多様な背景を持つ人材を，幅広く教育界にリクルートすることが可能になりました。

2．大学における教員養成の理念と動向

　日本の教員養成は，幅広い視野と高度な専門的知識・技能を備えた専門職たる教員が教育にあたることを目的に，その基幹をなす教職課程は大学における教育研究の一環として学芸の成果を基盤に営むことを原則としています。これと同時に，教員は教職に就いたその日から，学校という公的組織の一員として実践的業務に従事するため，教育方法の理論と技術を身に付けた実践的指導力が必要とされます。教職課程には双方を兼ね備えていることが求められ，2つの側面を融合した高い水準の教員の養成が追求されてきました。
　近年の教師教育では，教員の養成・採用・研修の一体的改革が推進されています。この中で，養成を中心的に担う大学は，「教員となる際に必要な最低限度の基礎的・基盤的な学修」を行う段階に位置づけられています。加えて，実践的指導力の基礎の育成につながるように，学校現場や教職を体験する機会（学校インターンシップ等の導入）の充実が図られています。

参考文献・URL

岩田康之（2013）「教員養成改革の日本的構造－『開放制』原則下の質的向上策を考える」日本教育学会『教育学研究』80（4），pp.14-26.

TEES 研究会（2001）『「大学における教員養成」の歴史的研究－戦後「教育学部」史研究』学文社.

中央教育審議会答申（2015）「これからの学校教育を担う教員の資質能力の向上について－学び合い，高め合う教員育成コミュニティの構築に向けて」https://www.mext.go.jp/b_menu/shingi/chukyo/chukyo0/toushin/1365665.htm　2020年5月6日閲覧.　　　　　　　　（牧瀬翔麻）

Q4　教員養成スタンダードについて説明しなさい

近年，各大学において，教員養成スタンダード（教員として最低限必要な資質能力）が策定されてきています。ここでは，教員養成スタンダードが策定されるようになってきた背景，策定による意義や課題について述べます。

1．教員養成スタンダード策定の背景

1990年代以降，アメリカをはじめとした欧米諸国において，学校教育の質保証のためのスタンダード（到達すべき基準）策定が行われるようになってきました。さらに，その流れは教員の質保証を求める教員養成スタンダードの導入へと展開していくことになります。日本においても，この動きは同じような流れを持つことになります。特に，2006年の中央教育審議会答申「今後の教員養成・免許制度の在り方について」によって，教職実践演習の新設，必修科が提唱され，「教員として最小限必要な資質能力が確実に身に付いているかを確認すること」を大学に求めると記載されたことで，その流れは加速することになります。また，この答申の中で教職実践演習に含むべき事項として，①使命感や責任感，教育的愛情等に関する事項，②社会性や対人関係能力に関する事項，③幼児児童生徒理解や学級経営等に関する事項，④教科・保育内容等の指導力に関する事項という4つが示されました。そのため，各大学の教員養成スタンダード策定においては，これら4つの事項に意識が向けられることとなりました。

さらに，2015年の中央教育審議会答申「これからの学校教育を担う教員の資質能力の向上について〜学び合い，高め合う教員育成コミュニティの構築に向けて〜」の中で，教員育成指標（教員がキャリアステージに応じて身に付けるべき資質能力）や教職課程コアカリキュラム（第1章Q5参照）について提言され，大学においては，育成すべき教員像を明確にして教職課程の改善・充実を図ることが求められています。そのため，これらの内容も，各大学における教員養成スタンダード策定に影響を与えています。

2．教員養成スタンダード策定における意義と課題

　まず，教員養成スタンダードの意義として，別惣（2013）は，以下のようなものを挙げています。まず，国内の教員養成の質的なばらつきと，各大学における教員養成の質的なばらつきをなくし，教員養成の質保証のための基準が明確になる点です。また，その他として，社会に対する説明責任を果たす材料になる点，大学教員が個々の授業科目において教員養成スタンダードとの関係の中で授業のねらいを明確に示すことができる点，教員養成スタンダードに照らしながら大学の養成カリキュラムを改善することができる点，教員養成に関わる教員の間で養成すべき教員像についてコンセンサスが得られる点，学生が自ら学習の目標を立て，自己の学習成果を評価するための材料となる点を挙げています。さらに，前述した教員育成指標とのつながりにおいて，教員として，どのような成長が求められているのかといったことの理解につなげることができるという意義を有しています。

　次に，教員養成スタンダード策定における課題として，別惣（2013）は，「国ではなく各大学が自律性をもって教員養成の質保証を果たす」ことを挙げています。教職実践演習に含むべきとして挙げられている4つの事項をそのまま，各大学の教員養成スタンダードとして策定するのではなく，各大学が自律性を持って策定すると同時に，その教員養成スタンダードを使って，教員養成のカリキュラムを評価し，改善していくことが必要なのだと考えます。さらに，教員養成スタンダードそのものについても，策定してしまえば終わりというわけではなく，それ自体を検討し議論する中で修正していくことも重要だと考えます。

引用・参考文献

別惣淳二（2013）「教員養成の質保証に向けた教員養成スタンダードの導入の意義と課題－兵庫教育大学の事例をもとに」『教育学研究』80（4），pp.439-452.

（久保研二）

Q5　教職課程コアカリキュラムについて説明しなさい

　教職課程コアカリキュラムは教員免許法及び教育職員免許法施行規則に基づき，全国すべての大学の教職課程で共通的に修得すべき資質能力を示すものです。ここでは，作成の経緯や内容，どのように活用すべきかということに焦点を当て，説明したいと思います。

1．作成の経緯

　教員という職業は子供の成長に立ち会える素敵で幸せな職業です。我が国では教員は大学で養成することを原則としています。また，教育学部のみで教員を養成するということではなく，要件を満たすことで教育学部以外の学部においても教員免許状は取得できるようになっています。教員免許状取得のためには教職課程を履修することになりますが，「教職課程」というのは教員免許状を取得させる大学の課程のことを言います。「コア」というのは，中心とか中核といったことを意味し，「カリキュラム」というのは教育課程を意味しますから，「コアカリキュラム」というのは，教育課程の中心部分のことを意味します。全国の教職課程を有する大学において2019年4月から新教育課程がスタートしましたが，教職課程コアカリキュラムを踏まえた教職課程科目の実施が1つの特徴となっています。

　コアカリキュラム作成前は，大学では学芸的側面が強調され，授業担当教員の研究分野の関心に基づいた授業がなされることが多く，養成段階を終えて現場に出た時に，現場の様々な課題やニーズに十分に対応することができないといったことが指摘されていました。現場のニーズに十分にこたえていくためにも教員養成段階で実践的指導力を有した質の高い教育を行う必要性があったのです。そこで，基準を設け，全国の教職課程で学ぶべき内容と目標を示すことで，質の保証を行うこととしたものが「教職課程コアカリキュラム」です。コアカリキュラムの必要性については以前から提言がなされていましたが，2015年の中央教育審議会答申「これからの学校教育を担う教員

の資質能力の向上について」を受けて「教職課程コアカリキュラムの在り方に関する検討会」が開催され，検討を重ねた後，教職課程コアカリキュラムが完成したのです。また，教職課程は教員免許の学校種や教科など多岐にわたりますが，各々に対応したコアカリキュラムを作成するのではなく，共通性の高い改正前の教職に関する科目について作成することとされました。

2．教職課程コアカリキュラムの内容

　教職課程コアカリキュラムは，「教育の理念並びに教育に関する歴史及び思想のコアカリキュラム」や「道徳の理論及び指導法のコアカリキュラム」のように各事項に対して，この事項を履修することでどんな資質能力を身に付けてもらいたいのか，学んでもらいたいのか，何をもって学んだと判断できるのか，といったことが示されています。具体的には，この事項を履修することで皆さんが修得する資質能力として「全体目標」，全体目標を内容のまとまりごとに分化させた「一般目標」，一般目標を達成するために到達すべき規準である「到達目標」，という構成となっています。表1-5-1に，「幼児，児童及び生徒の心身の発達及び学習の過程のコアカリキュラム」を示しています。コアカリキュラムを取り扱う授業として「発達心理学」や「教育心理学」といった授業を開設した場合，1回の授業で複数の到達目標が扱われたり，複数の回の授業で1つの到達目標が扱われたりします。

　一方，教職課程コアカリキュラムは，各大学がそれぞれ工夫や特色を持って実施している教職課程を阻害・否定するものではないということは重要です。むしろ独自性や自主性を尊重し，質のよい教職課程を各大学が創っていくことが期待されているのです。最低限のもののみを設定し，最低限を満たしたうえでの創意工夫は認められています。全ての大学の教職課程で共通的に修得する教育内容に加え，大学の自主性や独自性を発揮する教育内容，さらには，地域や学校現場のニーズに対応した教育内容も修得させることが求められているのです。ですから，コアカリキュラムの内容ではなく，独自の内容を扱う回が授業に用意されていることもあり得ます。また，各授業内において最低限学習すべき内容をどの順番で学んでいくか，最低限の内容は押

表1-5-1 「幼児，児童及び生徒の心身の発達及び学習の過程」のコアカリキュラム

全体目標	幼児，児童及び生徒の心身の発達及び学習の過程について，基礎的な知識を身につけ，各発達段階における心理的特性を踏まえた学習活動を支える指導の基礎となる考え方を理解する。

（1）幼児，児童及び生徒の心身の発達の過程

一般目標	幼児，児童及び生徒の心身の発達の過程及び特徴を理解する。
到達目標	1）幼児，児童及び生徒の心身の発達に対する外的及び内的要因の相互作用，発達に関する代表的理論を踏まえ，発達の概念及び教育における発達理解の意義を理解している。 2）乳幼児期から青年期の各時期における運動発達・言語発達・認知発達・社会性の発達について，その具体的な内容を理解している。

（2）幼児，児童及び生徒の学習の過程

一般目標	幼児，児童及び生徒の学習に関する基礎的知識を身に付け，発達を踏まえた学習を支える指導について基礎的な考え方を理解する。
到達目標	1）様々な学習の形態や概念及びその過程を説明する代表的理論の基礎を理解している。 2）主体的学習を支える動機づけ・集団づくり・学習評価の在り方について，発達の特徴と関連付けて理解している。 3）幼児，児童及び生徒の心身の発達を踏まえ，主体的な学習活動を支える指導の基礎となる考え方を理解している。

（出典：文部科学省，2017）

さえた上で，どこを手厚く扱うか，最低限の内容を越えた発展的な内容を含める，といったことは委ねられています。ですので，全国どこの教職課程を履修しても，最低限同じ内容の授業であることは共通していますが，大学や授業者によって授業は異なりますので，そういった意味では皆さんは教員免許状を取得する上での最低限必要な内容は担保されつつ，大学や授業者の独自性の要素を含んだ魅力的な授業を履修していると言えるでしょう。

3．教職課程コアカリキュラムの活用

このように基準が定められることによって，授業者や大学の関係者は基準を満たすための最善の授業方法や内容の配列といったことなどを考え工夫します。それぞれの授業を担当されている大学の先生一人ひとりが，授業を履

修される学生の皆さんが当該事項に関する教職課程コアカリキュラムに示されている内容を修得できるよう創意工夫し授業の設計・実施を行っているのです。そのことが教育内容のさらなる充実につながっていくのです。また，教員免許取得後に，教員として皆さんを採用する教育委員会など教員を採用する立場の人たちも，大学において教職課程コアカリキュラムで示されている教育が最低限行われていることを前提とし教員採用の選考や教員採用後の研修計画を考えていく必要性が出てくるのです。

このように教職課程コアカリキュラムとは教職課程全体の質保証を目指すものであり，この教職課程コアカリキュラムを間に挟んで，学ぶ学生の皆さんはもちろん，学びを提供する側や，大学卒業後に皆さんを受け入れる採用側，さらには教育制度を所管する文部科学省等，多くの人が質のよい教員養成のためにそれぞれの立場で考えたり，議論したり，活用する，そういったことがさらなる教職課程の質保証につながりますし，ひいては学校教育の質のさらなる向上に寄与することが期待されているのです。学生の皆さんには，ぜひ，自分が受講しているこの授業がどんなことを皆さんに学び取らせようとしているのか，教職課程コアカリキュラムで求めているところのどこに相当する授業なのか，ということを意識してそれぞれの授業を履修し，教師としてふさわしいあなたに近づいていってもらいたいと思います。また，時代や社会の変化に伴い，教職課程で修得すべき資質能力については，今後も変化しうることが予想されますから，現在の教職課程コアカリキュラムも今後，随時見直しや検討が行われていくことでしょう。そしてその時代時代に見合ったものに必要に応じて改訂されていくことでしょう。

参考文献・URL

文部科学省（2017）「教職課程コアカリキュラム」https://www.mext.go.jp/b_menu/shingi/chousa/shotou/126/houkoku/1398442.htm　2020年2月12日閲覧.

横須賀薫監修　渋谷治美・坂越正樹編著（2018）『概説教職課程コアカリキュラム』ジダイ社.

（三島知剛）

Q6 教員免許状を取得するために介護等の体験が必要な理由を説明しなさい

　小学校及び中学校教諭の普通免許状を取得するためには介護等の体験を行う必要があります。特別支援学校又は社会福祉施設等における7日間以上の体験が定められ，この期間に障害者，高齢者等に対する介護，介助，これらの者との交流等を体験します。介護等体験の趣旨を十分に理解し，積極的に取り組みましょう。

1. 介護等の体験の趣旨

　介護等の体験は，小学校及び中学校の教諭の普通免許状授与に係る教育職員免許法の特例等に関する法律（以下，特例法）により，小学校及び中学校の普通免許状取得を希望する者に義務付けています。介護等に関する専門的知識等を有する者や身体上の障害により介護等体験が困難な者は免除されます（特例法第2条第3項）。前者は具体的には，特別支援学校教諭免許状，看護師，社会福祉士，介護福祉士等の免許・資格を有する者です（特例法施行規則第3条）。

　介護等の体験は，「義務教育に従事する教員が個人の尊厳及び社会連帯の理念に関する認識を深めることの重要性にかんがみ，教員としての資質の向上を図り，義務教育の一層の充実を期する」（特例法第1条）趣旨で行われます。第140回国会衆議院文教委員会（1997年5月28日）で田中眞紀子氏は，「人の心の痛みのわかる人づくり，各人の価値観の相違を認められる心を持った人づくりの実現に資することを期待しております」と，特例法の趣旨を説明しています。特例法は1998年4月に施行しました。

2. 介護等の体験の概要

　介護等の体験は，特別支援学校または社会福祉施設（高齢者，障害者（児），児童養護施設等）において，7日間以上の実施が必要とされています（特例法

第2条）。文部事務次官通達（1997年11月26日）は，「社会福祉施設等5日間，特殊教育諸学校2日間とすることが望ましい」としています。多くの場合は，大学を通じて，各都道府県教育委員会及び社会福祉協議会へ申請します。

　介護等の体験の内容は，「障害者，高齢者等に対する介護，介助，これらの者との交流等の体験」（特例法第1条）であり，具体的には，「介護，介助のほか，障害者等の話相手，散歩の付添いなどの交流等の体験，あるいは掃除や洗濯といった，障害者等と直接接するわけではないが，受入施設の職員に必要とされる業務の補助など」（通達）を含む幅広い体験とされています。

　特別支援学校での体験は，子供たちとのコミュニケーションをはじめ，自立活動や授業等の一部補助，校外学習や学内行事等の補助などの活動が中心となります。また，社会福祉施設等での体験は，高齢者，障害者（児）（以下，利用者）に対する介護・介助の補助，利用者との交流（話し相手）や学習活動・就労支援の補助，利用者の散歩や外出の付添い等の補助などが想定されています。受け入れ施設の種類や状況等に応じた対応が求められます。

　介護等の体験の実施施設によって発行される体験の修了を証明する書類は，教員免許状申請の際に都道府県教育委員会への提出が必要です。

3．介護等の体験の意義

　教職に就く者として，個人の尊厳や社会連帯の理念を深く理解することが重要です。近年は，インクルーシブ教育の理念や共生社会の実現が注目されています。他者を理解し，多様な価値観を尊重する人権感覚を身に付けるために介護等の体験が設けられています。趣旨を十分に理解し，教育者としての基本姿勢を体験的に学ぶ機会として，積極的に取り組みましょう。

参考文献

現代教師養成研究会編（2020）『教師をめざす人の介護等体験ハンドブック（五訂版）』大修館書店．

全国特別支援学校長会・全国特別支援教育推進連盟編著（2020）『特別支援学校における介護等体験ガイドブック－新フィリア』ジアース教育新社．　　　　　　　　　　　　　　　　　　　　　　（牧瀬翔麻）

Q7 教員養成における学校体験活動の意義について論じなさい

　近年の団塊世代の一斉退職や教員の離職率の高まりを受け，新規採用教員は，即戦力としての活躍が期待されています。しかし，教育実習期間の短さから，幅広く業務に携わることや実践的指導力を高めることには限界があります。このような課題を受け，学生が学校現場で長期的に体験活動を行うことが推奨されています。

1．学校体験活動の背景と位置づけ

　教育職員免許法及び同法施行規則が改正され，2019年4月から施行されています。教育実習と教職実践演習は，教育実践に関する科目として整理され，各大学の判断によって，教育実習の中に2単位まで「学校体験活動」（学校インターンシップ）を含めることができるようになりました。学校体験活動は，大学や教育委員会のとりまとめのもと，学生ボランティアやスクールサポーターなどの様々な呼称で行われています。この活動は教育実習と比べ，表1-7-1に示す点で異なります。

表1-7-1　学校体験活動と教育実習の相違

	学校体験活動	教育実習
内容	学校における教育活動や学校行事，部活動，学校事務などの学校における活動全般について，支援や補助業務を行うことが中心	学校の教育活動について実際に教員としての職務の一部を実践させることが中心
実施期間	教育実習よりも長期間を想定（ただし，一日当たりの時間数は少ないことを想定）	4週間程度（高校の場合2週間程度）
学校の役割	学生が行う支援，補助業務の指示（教育実習のように学生に対する指導や評価は実施しない）	実習生への指導や評価表の作成（そのための指導教員を専任し，組織的な指導体制を構築）

（出典：中央教育審議会（2015）これからの学校教育を担う教員の資質能力の向上について～学び合い，高め合う教員育成コミュニティの構築に向けて～（答申）＜筆者が一部抜粋し修正＞）

2．学校体験活動で期待される効果

　教育という営みは，自身が受けてきた授業や指導の経験から「知っている」つもりになりやすいものです。しかし，その経験はあくまで教育を「受ける立場」のものであるため，捉え方は断片的かつ個別的です。

　その点，教育実習前に学校体験活動を行っておくことは早い段階で教育を「行う立場」への視点・姿勢の転換につながるため有意義です。また，学校現場に身を置くことは，自身の教員としての適性を早期に把握する機会にもなります。

　さらに学校体験活動は，教員採用選考試験でも大きな武器となります。履歴書にボランティア活動等を記述することで，教員志望の志の高さを示すことができます。面接やロールプレイング，模擬授業の試験においても，お手本通りの回答ではなく，実体験を伴った回答ができることは強みです。

3．学校体験活動にみられる課題

　学校教育の業務は多様化，複雑化しています。例えば，いじめや不登校，発達障害や外国につながりのある子供などの学習や生活に関して，個別に専門的な教育的支援が求められます。

　その一端を補うことが期待されているのが学生によるボランティアです。ただし学生にとってこの活動は有意義なものであっても，教員の多忙さを肩代わりするための「無償の戦力」になってはいけません。学生に過度に期待することは，教育問題のリスクを高めることに加え，学校教育が抱える人手不足や多忙さの根本的な問題を見えにくくする危険性をはらんでいるためです。

参考文献

森田真樹（2018）「教育実習の意義，目的と内容」小林隆・森田真樹編著
　　　『新しい教職教育講座 教職教育編⑬　教育実習・学校体験活動』
　　　ミネルヴァ書房，pp.1-15.

原清治（2018）「学校インターンシップ参加学生のキャリア意識」同上書，
　　　pp.167-184.　（大西祐司）

Q8 教員採用選考試験と地方公務員試験の違いについて論じなさい

　日本における公務員の数は，約330万人であり，そのうち国家公務員が約5分の1（58万人）を占め，残りの5分の4（274万人）が地方公務員です。一口に地方公務員といっても，その仕事は多岐にわたり，都道府県庁，区市町村役所の職員や公立学校の教員に加え，警察官や消防官などの公安系職種のほとんどが含まれます。本稿では，教員採用選考試験との比較として，とりわけ，都道府県庁職員や市町村役所職員を採用する，いわゆる「地方公務員試験」を取り上げ，その違いについて論じていくことにします。

1.「競争」か「選考」か

　結論から述べると，教員採用選考試験と地方公務員試験における大きな違いは，その採用の方法が「選考」か「競争試験」かという点です。地方公務員法第17条の2では，人事委員会を置く地方公共団体においては，職員の採用は，競争試験によるものとされています。競争試験とは，すなわち，特定の職に就くため，不特定多数の者の競争によって選抜を行うもの，あるいは，受験者の有する職務遂行能力を，競争関係において相対的に判断するための試験です。しかしながら，教員採用については，教育公務員特例法第11条に示されるように，任命権者である各都道府県・指定都市（以下，県市）の教育委員会が，それぞれ教育長の選考を経て行うこととされています。教員の採用が競争試験ではなく選考によるものであるのは，教員には免許状制度があり，これにより教員たるに必要とされる一定の能力の実証が得られていること，また，児童生徒に対し教育指導を行う教職の性格に鑑み，教員としてふさわしい資質能力を備えた人材を得るためには，人物評価をより一層適正に行い得る選考による方が適当と考えられたことによるものです。この人物評価については，教育者としての使命感，豊かな体験に裏打ちされた指導力など受験者の資質能力を多面的に評価するよう，筆記試験だけではな

く，面接試験や実技試験等の成績，社会経験，スポーツ活動，文化活動，ボランティア活動や大学等における諸活動の実績等を多面的な方法・尺度を用いて総合的かつ適切に評価することが求められています。従って，教員採用選考試験に臨むにあたっては，筆記試験や面接試験などの対策を行うことはもちろん，日々の生活において教員として求められる豊かな人間性や社会性を身に付けていくことが大切です。

2．教員採用選考試験の実施内容における特徴

　試験の実施内容について比較してみると，教員採用選考試験も地方公務員試験も筆記試験と面接試験から構成される点は共通ですが，教員採用選考試験において特徴的なのは模擬授業や場面指導，指導案作成が実施される点です。これらの試験は，教員としての実践的指導力を適切に評価するために行われており，2018年度の実施状況を見ると，模擬授業は53県市，学校生活での様々な場面を想定した場面指導は40県市，指導案作成は16県市で実施されています。具体的な内容として，例えば，模擬授業では，与えられた指導内容の中から1つを選択し，その内容について指定時間内で模擬授業を行ったり，指定された課題をもとに，授業の構想を述べた後，導入部分の模擬授業を行ったりするなどの方法が行われています。

参考文献・URL

文部科学省（1996）「教員採用等の改善について（審議のまとめ）」https://www.mext.go.jp/a_menu/shotou/senkou/1256680.htm　2020年3月14日閲覧.

文部科学省（2018）「平成30年度教師の採用等の改善に係る取組事例」https://www.mext.go.jp/a_menu/shotou/senkou/1401422.htm　2020年4月7日閲.

（齋藤拓真）

Q9 教員免許更新制について説明しなさい

　2009年4月から導入された教員免許更新制は，普通免許状と特別免許状に一律10年間の有効期間を設け，免許状更新講習の受講を求めるものです。更新講習は，30時間以上とされ，文部科学大臣の認定を受けた大学等が開設します。制度の趣旨及び概要を十分に理解することが肝要です。

1. 教員免許更新制の目的と概要

　2006年の中央教育審議会答申「今後の教員養成・免許制度の在り方について」は，急激な社会変化や学校教育が抱える課題の複雑化・多様化を背景に，教員として必要な資質能力を最低限担保する制度として，教員免許更新制の導入を提言しました。

　その後，2007年6月の教育職員免許法（以下，教免法）の改正により，2009年4月から教員免許更新制が導入されました。文部科学省は，制度の目的を，「その時々で教員として必要な資質能力が保持されるよう，定期的に最新の知識技能を身に付けることで，教員が自信と誇りをもって教壇に立ち，社会の尊敬と信頼を得ることを目指すもの」と説明しており，不適格教員の排除がねらいではないことを強調しています。

　原則として，免許状の有効期間満了日（修了確認期限）の2年2カ月から2カ月前までの2年間に，30時間以上の免許状更新講習を受講・修了した後，免許管理者（都道府県教育委員会）に申請し，修了確認を受けます（教免法第9条の2）。ただし，校長，副校長，教頭，主幹教諭，指導教諭，教育長，指導主事などの教員を指導する立場にある者及び優秀教員表彰者は，免許管理者への申請によって更新講習の受講が免除されます。

2. 講習内容

　免許状更新講習は，文部科学大臣の認定を受けた大学等が開設します（教免法第9条の3）。受講者は，本人の専門や課題意識，学校種や免許種に応

表1-9-1　免許状更新講習の開設3領域と講習内容

必修領域：6時間（全ての受講者が受講する領域）
○国の教育政策や世界の教育の動向 ○教員としての子ども観，教育観等についての省察 ○子どもの発達に関する脳科学，心理学等における最新の知見（特別支援教育に関するものを含む） ○子どもの生活の変化を踏まえた課題
選択必修領域：6時間（免許種，学校種，経験に応じて選択する領域）
○学校を巡る近年の状況の変化　　○学習指導要領の改訂の動向等 ○様々な問題に対する組織的対応の必要性　　○学校における危機管理上の課題 ○教育相談（いじめ・不登校への対応を含む）　　○進路指導及びキャリア教育 ○学校，家庭並びに地域の連携及び協働　　○道徳教育　　○英語教育
選択領域：18時間（受講者が任意に選択する領域）
○幼児，児童又は生徒に対する教科指導及び生徒指導上の課題

じて，3領域から必要な講習を選択し，受講します（表1-9-1）。

　2019年度の更新講習の認定大学等は578ありました。必修領域が385大学等（1,177講習），選択必修領域が414大学等（2,415講習），選択領域が554大学等（9,153講習）で開講されています（文部科学省，2020）。各大学の特長や教員の専門を踏まえ，多様なテーマの講習を開設しています。

3.　教員の資質向上における更新講習の意義

　教員として必要な資質や能力を担保する制度として免許更新制が導入されてから10年が経ちます。この間，教育公務員特例法改正により，これまでの10年経験者研修は，任命権者が実施時期を決定する中堅教諭等資質向上研修へ改められました。この背景には，更新講習との受講時期の重複や教員の負担増大に対する批判がありました。教員の多忙・多忙感が社会的に注目されています。現行の教員研修や自己研鑽等の整理の中で，力量形成の機会としての教員免許更新制の意義や在り方を見直す動きも現れています。

参考文献・URL

文部科学省「令和元年度免許状更新講習の認定一覧」https://www.mext.go.jp/a_menu/shotou/koushin/004/1412470.htm 2020年5月6日閲覧.

文部科学省「教員免許更新制」https://www.mext.go.jp/a_menu/shotou/koushin/ 2020年5月6日閲覧.　　　　　　　　　　　　　　　　　（牧瀬翔麻）

Q10 「学び続ける教員」について論じなさい

　教師はそのキャリアを通じて学び続ける存在としてとらえられています。ここでは，教師はどのように学び，成長しているのか，また，教職を志望する学生が「学び続ける教員」を目指す上で必要な視点について述べます。

1. 学び続ける教員像の確立

　今日の教職を志望する学生及び教師には，教員養成段階を含む教職生活全体を通して学び続けること，成長し続けることが求められています。

　例えば，2012年の中央教育審議会「教職生活の全体を通じた教員の資質能力の総合的な向上方策について（答申）」では，多様化・複雑化する社会に対応するために，これからの教師に求められる資質能力として次の5つが提示されています。

　①教職に対する責任感，探究力，教職生活全体を自主的に学び続ける力
　②教科や教職に関する高度な専門的知識
　③新たな学びを展開できる実践的指導力
　④教科指導，生徒指導，学級経営等を的確に実践できる力
　⑤総合的な人間力

　その1つに「教職生活全体を自主的に学び続ける力」が挙げられるとともに，これら資質能力の形成を通じて「学び続ける教員」像を確立することが社会からの要請となっています。

2. 「学び続ける教員」は経験から学ぶ

（1）経験学習モデル

　「学び続ける教員」は，日々の教職生活で積み重ねてきた教育実践の経験をもとに，その教育実践経験を振り返り，次の教育実践に生かせる教訓を導き出し，その教訓を新たな教育実践に応用するというサイクルを循環させています。このような経験から教師自身の学びや成長を促していく学習モデル

を経験学習モデル（Kolb, 1984；松尾, 2011）と言います。教職を志望する学生も，大学生活において講義や教育実習，課外活動などで様々な経験を得ると思います。それらの経験をリソースとして，経験の振り返りから，教訓を導きだし，その教訓を日々の大学生活に応用していくというサイクルを循環させることで自身の成長を促すことができます。

（2）経験から学ぶ力

また，経験学習サイクルを循環させるには，経験から学ぶ力（松尾, 2011）が必要とされています。この経験から学ぶ力は，挑戦する姿勢（ストレッチ），振り返る力（リフレクション），楽しむ力（エンジョイメント），思い，つながりといった5つの要素から構成されています。

教師を例にすると，子供の学びと成長を支援したいという高い目標に向かって挑戦する姿勢，授業の最中や授業後にその実践について内省し振り返る力，教師という職業にやりがいや意義を見いだして仕事を楽しむ力が必要であり，これらの学ぶ力は相互につながっています。さらに，教師自身が重視している自分への思い（教育目標，教師という仕事に対する価値観や信念）や大切にしている他者（子供，保護者，同僚等）への思いと，自分を成長させてくれる子供や同僚，保護者などといった多様な他者とのつながりが経験から学ぶ力の原動力となっています。

ですから，学生の皆さんを例にすると，大学生活において友人をはじめとした様々な人々とのつながりを築き，教師を志す思いや夢を醸成させることが大切なのです。さらに，教師を目指すという高い目標に向かって挑戦する姿勢を持ち，講義や教育実習での学びを振り返り，日々の大学生活に意義を見いだし楽しむことが「学び続ける教員」を目指す第一歩となります。

参考文献

David A. Kolb（1984）, *Experiential Learning: Experience as the source of learning and development.* Englewood Cliffs, Prentice Hall, New Jersey.

松尾睦（2011）『職場が生きる人が育つ「経験学習」入門』ダイヤモンド社.

（米沢　崇）

Q11 教員を目指さない学生が教職課程で学ぶ意義について述べなさい

多くの学生は，教員を目指し，教職課程のある大学へ入学してきたことでしょう。しかし，4年間という大学生活を経て，卒業後に教員以外の道を選ぶ学生は毎年一定数います。では，教員を目指さない学生が教職課程で学ぶ意義とは何でしょうか。個々人で異なることを前提としながらも，ここでは，①本人，②他の学生，③社会それぞれにとっての意義を考察していきます。

1．本人にとって

教育に携わる仕事とは，何も教員だけではありません。例えば，学校には，学校事務職員やスクールカウンセラー等の専門職もいます。また，公共図書館や博物館等の主に成人教育を担う社会教育施設や塾，教科書会社などの教育産業への就職も想定されます。こうした就職先を希望する学生にとっては，教職課程で学ぶ意義は明らかでしょうし，本人の学習意欲も比較的保ちやすいでしょう。

他方，一般企業や公務員への就職を希望する学生にとっては，学ぶ意義と卒業後の進路とが結び付きにくいかもしれません。しかし，教職課程で学ぶ事柄は実に多岐にわたります。例えば，「幼児，児童及び生徒の心身の発達及び学習の過程に関する科目」として学んだ事柄は，人に物事を教える場面で役立つでしょう。実際にアルバイト等の場面において，大学で学んだ事柄を生かすことができた経験はないでしょうか。また，対象が子供以外であっても，社会性やコミュニケーション能力，対人関係スキルは応用可能です。

さらに，将来，教員となる可能性も0ではないはずです。教員採用選考試験において社会人経験がある人を対象とした特別選考を行う自治体もあります。卒業後の経験を生かし，再度，教員としての道を歩み始めることも可能です。

2．他の学生にとって

　教員を目指さない学生が教職課程で学ぶことは，一緒に学ぶ他の学生にとっても重要な意義があります。教員を目指す学生の多くは，自分が受けてきた教育の影響を大きく受け，良くも悪くも教師へのあこがれを強く持っているといわれます。また，将来の子供を想定する際，そのモデルを自分自身に据えて一般化する傾向があり，多様な教育的背景を持つ子供の存在が無視されがちだとの指摘もあります。

　一方で，教員を目指さない学生は，そうした集団に一石を投じる存在かもしれません。同じ物事を見てもとらえ方や感じ方が異なる学生と交流することによって，各々が持っていた「当たり前」を疑い，さらなる学びが深まる契機となるはずです。多様性が重んじられる社会にあってその存在は重要なのです。

3．社会にとって

　公的資金を受けている大学の教職課程は，日本の教育を支える人材を輩出することが命題です。ただし，日本の教育を支えること＝日本の学校で教師になることではありません。本人にとって，他の学生にとって意義ある学びを生み出すことが，今後の日本の教育を支えることにつながるのです。そして，地域住民や保護者の立場から，教育におけるそれぞれの役割と責任を自覚し，学校で働く教員の理解者として相互の連携及び協力に努められる人になってください。

参考文献
太田拓紀（2012）「教職における予期的社会化過程としての学校経験」『教育社会学研究』90，pp.169-190.

（藤井　瞳）

第2章

教職課程における
学びの質保証

Q12 教科の指導法で模擬授業を行う意義について述べなさい

　各教科の指導法（情報機器及び教材の活用を含む。）の科目では，理論的に教科の指導法について知り，それを具体的な行動に移すための方法を学びます。そのような理論と実践とをつなぐ役割を担うのが模擬授業です。

1．模擬授業を行う意義

　模擬授業では大抵の場合，学生グループが授業者役・学習者役・観察者役などに分かれて，立案した授業を実際に行います。この役割分担をすることで，学生はそれぞれの立場において異なる学びを経験することになります。それらの学びを体系的に経験することに模擬授業の大きな意味があります。

（1）授業者役にとっての学び

　授業者として身に付けることが期待できるのは，授業における具体的な学習指導の方法です。授業のために集めた資料や情報，教材を分析して作成した学習指導案を土台として，心の準備をして授業に臨み，学習者と十分なコミュニケーションを取り，立案した授業のねらいと計画を基本としながら学習者に対応し，実際に学びを支援する具体的な行為（説明，助言，板書など）の在り方を体感として学びます。その上で，指導計画を立てる上で考えた意図がどれだけ自分自身の言動に反映されたか，どれだけ授業として実現したか，その成果とギャップを探るための分析材料を提供するのです。

（2）学習者役にとっての学び

　学習者役の学生は，設定された学年の学習者になりきって授業に臨むことが求められます。そのため，もちろん事前に当該学年の学習者の実態について文献を調べたりすることは必要ですが，それを踏まえた上でも「自分がこの学年ならどのような反応をするだろうか？」と学習者の視点から授業を体験しようと努めることで，その模擬授業において使用された指導・支援方法，学習方法についての理解を深めることができます。教師側に立った視点とは

違う角度からの分析材料を提供できるという意味で，模擬授業でしかなし得ない学びの効果といえるでしょう。

（3）観察者役にとっての学び

　観察者役の学生は，学習指導案を参照しながら，授業改善のための観点をもとに第三者的な立場から冷静に観察します。それらの観点に焦点化することで，目の前で可視化された学習指導の姿について，成果と改善点を見出すための分析ができます。それは，具体的で細かな授業技術だけにとらわれない，広い視野を持った授業改善への目を養うことにつながります。

（4）体系的な知と関連させた学び

　教材研究から授業立案，模擬授業実施および事後協議のすべてのプロセスに，授業担当である大学教員も参加していることも模擬授業の特徴です。各段階において，学生は腰を据えて授業担当教員からの指導を受け，体系的な知識と関わらせながら理解を深めます。模擬授業はこのように，理論と実践を往還しながら，4つの角度から包括的に学習指導力を向上させる場です。

2．教育実習等との比較

　教職課程において理論と実践をつなぐ主要な機会として考えられているのは，教育実習や学校インターンシップです。しかしそこでは，実習生は日々の多種多様で具体的な案件への対応に追われます。授業だけでなく全体的な学習者理解や各種校務など，学ぶ内容が多岐にわたり，授業力向上だけに焦点を当てることはほぼ不可能です。さらに，子供たちにとって二度と戻らない瞬間を任された実習生が授業に及び腰になることは容易に想像できます。それに対して模擬授業は，失敗を恐れることなく試行し，互いに協議し合うことで，共に学習指導力を向上させることに焦点化する機能を持つのです。

参考文献

松崎正治（2018）「教員養成教育における理論と実践の統合はどう行われるべきか」全国大学国語教育学会編『国語科教育における理論と実践の統合』東洋館出版社，pp.27-32.

（中井悠加）

Q13 カリキュラム・マネジメントについて学ぶ意義を説明しなさい

　新学習指導要領を理解するうえで重要なキーワードの1つが「カリキュラム・マネジメント」です。そもそも「カリキュラム・マネジメント」が何を意味するか，そしてなぜ教員はそれを理解している必要があるのか答えていきたいと思います。

1.「カリキュラム・マネジメント」とは何か？

　平成29・30年度版学習指導要領では，「知識及び技能」「思考力，判断力，表現力等」「学びに向かう力，人間性等」の育成を目指しています。これらを「資質・能力の三つの柱」と呼んでいます。各学校はそれぞれの特色を生かした教育課程を編成し，実施するだけではなく，絶えず評価，改善することが求められています。これが「カリキュラム・マネジメント」なのです。

　学習指導要領は，「教育課程を編成する際の基準」と考えられています。しかし，一人ひとりの子供たちに応じた個別最適化の教育を提供しようとした時，学校は創意工夫を凝らす必要があります。それはつまり，学校の地理的，物的，人的資源を生かしながら，教育課程を編成するということなのです。しかもそれだけでは十分ではありません。子供たちは毎年新しく入れ替わり，学校の置かれる状況は変化します。そのため，各学校はある一定期間の教育活動を評価し，その評価結果を基に，さらに教育内容をよいものとするため改善することが必要です。

　子供たち一人ひとりに応じた教育を提供することは教育の理念として学校や教員が目指すところですが，実現するには各学校の創意工夫と教員の高い専門性が必要です。カリキュラム・マネジメントは，子供たち一人ひとりに個別最適化な教育を提供するため，非常に重要だと言えます。

2．カリキュラム・マネジメントの手順

　教育課程を編成するとは，ただ単に時間割を組んだり，授業の予定を立てたりということではありません。子供や地域，家庭の実態へ配慮し，授業はわかる授業となるよう組み立てる必要があります。ここにも，カリキュラム・マネジメントを学ぶ意義があるといえるでしょう。

　学習指導要領ではカリキュラム・マネジメントの手順の一例が示されています。

表2-13-1　カリキュラム・マネジメントの手順の一例

(1) 教育課程の編成に対する学校の基本方針を明確にする
(2) 教育課程の編成・実施のための組織と日程を決める
(3) 教育課程の編成のための事前の研究や調査をする
(4) 学校の教育目標など教育課程の編成の基本となる事項を定める
(5) 教育課程を編成する
(6) 教育課程を評価し改善する

（出典：中学校学習指導要領（平成29年告示）解説 総則編）

　これは，学校の取組の一例です。各教員については，各学校の教育目標等を示した「学校経営計画」を踏まえ，①各教科・活動の年間指導計画，②各教科・活動の単元指導計画，③授業の指導案を作成していくでしょう。そして，これら①～③を評価，改善していくことでカリキュラム・マネジメントの具体となると考えられます。

参考文献

中央教育審議会答申（2016）「幼稚園，小学校，中学校，高等学校及び特別支援学校の学習指導要領等の改善及び必要な方策等について」https://www.mext.go.jp/b_menu/shingi/chukyo/chukyo0/toushin/1380731.htm　2020年4月24日閲覧.

（田邉良祐）

Q 14 主体的・対話的で深い学びの在り方について 学ぶ意義を述べなさい

　平成29・30年度版学習指導要領において、「主体的・対話的で深い学び」が説示されました。学習指導要領の性質上、「どのように教えるか」という指導方法について言及されたことは大きな転換といえます。では、なぜ「主体的・対話的で深い学び」を展開する必要があるのでしょうか。そこには、社会情勢の変化や学力観の変容が深く関わっています。

1．「主体的・対話的で深い学び」の導入背景

　「主体的・対話的で深い学び」の導入には大きく2つの要因が関係しています。1つ目は、工業化社会から知識基盤社会への移行です。知識基盤社会とは、社会のあらゆる活動領域の基盤として知識が飛躍的に重要性を増すことを意味します。知識には国境がなく日々更新されるため、技術革新やグローバル化に拍車がかかります。一方、膨大な知識を瞬時に処理できるコンピューターや人工知能（AI）の普及発展によって、人間ならではの認知的スキルや社会的スキルの重要性が高まっています。2つ目は、PISA調査（生徒の学習到達度調査）によって、各国の学力が比較可能なものになったことです。とりわけ日本は、「PISAショック」といわれる2003年の調査結果において、読解力の低迷が問題視されました。また、2003年、2012年の調査では、学習意欲や自信が相対的に低いことも懸念されています。

　このように、教育で培う力が国を超えて、世界規模で議論されるようになりました。ただし、他国に目を向けても手本となるような国があるわけではありません。子供たちは自ら考え、仲間と協力し、未知なる課題の解決に立ち向かわなければならない時代を迎えているといえます。

2．「主体的・対話的で深い学び」の考え方

　アクティブ・ラーニングは「主体的・対話的で深い学び」の先駆けとして、

中央教育審議会から大学教育に向けて発信されたものです。そこでは「教員による一方向的な講義形式の教育とは異なり，学修者の能動的な学修への参加を取り入れた教授・学習法の総称」と定義されています。その方法として，グループ・ディスカッション，ディベート，グループ・ワーク等が示されていますが，小中高等学校の現場では既に，反転授業やワールドカフェ，ジグソーなどの構造化された方法が多数紹介，実践されています。

　重要な点は新しい指導方法の導入ではなく，「主体的・対話的で深い学び」の視点から授業改善の創意工夫を図ることです。方法論に固執することなく，習得・活用・探究の学習過程を質的に改善することが重要です。

3.「主体的・対話的で深い学び」を展開するにあたって

　「主体的・対話的で深い学び」の登場は，一見これまでの一斉指導による知識注入を否定しているようにみえますが，それは誤りです。指導方法の本質的な考え方としては，唯一最高のものがあるのではなく，活動形態も含めて目標や子供の実態に応じて創意工夫することが肝要です。実際には，毎回の授業で「主体的・対話的で深い学び」の全てを取り入れることは現実的ではありません。教材や単元などの活動内容や時間のまとまりの中で，ペアやグループで対話する場面や，子供が考える場面と教師が教える場面をどのように組み立てるかを考えるところから始めてみましょう。

　留意すべきは，教師の意図や見通しなく，グループワークや話し合い活動をさせておけばいいと安易な判断をしないことです。学習評価に関しても，挙手や発言の回数による相対的で短絡的な評価方法に陥ることなく，客観性を担保できるパフォーマンス評価やルーブリックを取り入れるようにしましょう。

参考文献・URL

文部科学省（2017）「新しい学習指導要領の考え方－中央教育審議会における議論から改訂そして実施へ」https://www.mext.go.jp/a_menu/shotou/new-cs/__icsFiles/afieldfile/2017/09/28/1396716_1.pdf　2020年6月4日閲覧.

（大西祐司）

Q 15 学習評価の方法や実際について学ぶ意義を説明しなさい

　各教科の指導法（情報機器及び教材の活用を含む。）の科目では，学習者の実態に基づいた授業をデザインすること，適切な支援方法を理解した上で模擬授業を実施すること，実践を振り返ってさらなる指導改善の視点を得ることが重要視されます。この，実態把握→授業デザイン・指導や支援→指導改善という，すべてのプロセスにおいて必要不可欠なのが学習評価です。

1．役割で分類する学習評価

　一口に学習評価と言っても，その実施の時期や役割によって，診断的評価，形成的評価，総括的評価に区分されます。それぞれ理解することによって，学習指導において評価が持つ機能を体系的に知ることが大切です。

　診断的評価は，学習内容や授業デザインの前提となる学習者の実態を把握することが目的です。それがなければ，授業は完全に教師のひとりよがりな時間となってしまい，学習者にとって本当の学びを生むことはできません。

　形成的評価は，学習指導の過程において，学習者の理解度やつまずき，発見などの様子をその都度把握し，それに基づいて指導の方法や内容を修正することを目的とします。さもなければ，個々の学習者が授業中や学習の過程において目的を達成するための適切なタイミングにおける適切な支援を提供することができません。

　最後に総括的評価は，ひと通りの学習が終わった時点で全体を通して達成した成果を把握することを目的とします。そうすることで，単元計画やカリキュラムを修正したり，学習者の入学・進学・単位認定・修了認定などの進路の方向を定めるための重要な指針を提供します。

2．教職課程で学ぶ意義

　一般的に日本では，大学入試や検定試験のような大規模な試験や，定期試

験の評定などに代表されるような総括的評価を主に「評価」と見なし，重要視する傾向にあります。それは進路の方向性を定めるという総括的評価の重要な機能を意識していることを意味していますが，あまりにそれが学習者たちの人生にもたらす影響が強く，多くの場合，評価（試験合格・成績向上）のための学習（対策）という図式をつくりあげてしまいます。教員を志望する学生にとっても，学習者としての経験を遡った時に強烈に記憶されているのはそれらの試験であり，それを突破してきたからこそ教職を学ぶ権利を得たといっても過言ではないでしょう。

　しかし，学習も指導も，そうした評価のために存在し磨き上げられるのではありません。学習を促進し，よりよく学ぶための適切な支援を講じ，さらによりよい指導へと改善する可能性を拓くために，学習評価が存在しているのです。それは，「指導と評価の一体化」として平成29年度版学習指導要領でも強く求められていることです。大規模試験や定期試験のような一部の評価方法という記憶と経験を脱却し，学習者の学びの質を保証し，自らの指導を改善し続けるためのツールとして使える教師になるために，教職課程では学習評価の全体像を捉えた上でその目的と方法を知ることが肝要です。

　学習評価を行うタイミングやそれぞれの目的，その目的を達成するための評価方法を知ることによって，学習評価の機能についての理解が深まります。それは，教科の学習指導を実際にデザインするためのすべてのプロセスにおいて，教師自身の視野の限界を超え，新たな視点・発想・アイディアを提供し，常によりよい実践を追い求めていく前提となるものです。

　その意味で，教師がある一地点に立ち止まらず，常に学び続けるために，学習評価の方法と実際を学ぶことは必要不可欠なのだといえるのです。

参考文献

B.S.ブルーム他著（梶田叡一・渋谷憲一・藤田恵璽訳）（1973）『教育評価法ハンドブック』第一法規.

文部科学省（2019）中央教育審議会初等中等教育分科会教育課程部会「児童生徒の学習評価の在り方について（報告）」.

（中井悠加）

Q 16　情報機器の効果的な活用方法について学ぶ意義を説明しなさい

　パソコン，携帯などの情報機器を介した「ICT」(Information and Communication Technology，情報通信技術）は，今日学校教育においても積極的な活用が求められています。教師が効果的なICT活用方法を身に付ける必要性について説明します。

1.「主体的・対話的で深い学び」の視点による授業改善

　平成29・30年度版学習指導要領では，児童・生徒の「主体的・対話的で深い学び」の視点から教師の授業改善が求められ，従来「聖域」とされてきた教師の指導方法の改善への強いメッセージとなりました。

　ところで，「主体的・対話的で深い学び」とはどのような学びでしょうか。その議論には「アクティブ・ラーニング」が出発点とされています。その言葉は教育の文献には明確に定義されてこなかったのですが，共通する一般的な特徴は，「a.学生は授業を聴く以上の関わりを持つ」「b.情報の伝達より学生のスキルの育成に重きがおかれる」「c.学生は高次の思考（分析，総合，評価）に関わる」「d.学生は活動（例：読む，議論する，書く）に従事する」「e.学生は自分自身の態度や価値の探求に重きがおかれる」とされています。これらはアクティブ・ラーニングの形式的特徴（a, d）だけでなく，意図する学習成果（b, c, e）をも表しています。ここでわかるのは，アクティブ・ラーニングの指導には子供たちが自ら積極的に他者と対話しながら，問題解決に取り組むための学習環境が重要であることです。

　しかし，このような学習環境は教師一人が黒板とチョーク，紙教科書だけで容易に実現できるのでしょうか。

2. ICT 活用の学習環境

　文部科学省は「学びのイノベーション事業」という大規模な実証研究に基

づき，ICTの効果的な活用場面を10種類に整理し例示しています。例えば，「一斉学習」では，教師が画像の拡大提示や書き込み，動画等を活用することで，子供たちの興味・関心を引き出し，理解が深められます。そして，「個別学習」では，子供たちがインターネットによる情報収集やシミュレーション等のデジタル教材を活用することで，一人ひとりの習熟度や特性に応じた思考が深められます。また，「協同学習」では，タブレットPCや電子黒板等による仲間や海外の学校との交流学習を通じて，思考力・判断力・表現力等が育成されます。このように，ICT活用の授業では，子供たちの興味・関心を引き出すだけでなく，子供たちが学習活動に主体的で協同的に取り組むことで，理解がより深まる学習環境を提供するといえます。

3.「効果的」「効率的」「魅力的」な学びの支援へ

これからの学習指導では，子供たちに正解を獲得させるための工夫ではなく，子供たちが様々な問題に対し，仲間と協力しながら最適な答えが得られる「主体的・対話的で深い学び」の学習環境を提供することがカギとなります。そして，そのような学習環境は，効果的なICT活用による学びの支援と相通じるところがあります。さらに，教師の効果的なICT活用の指導は，子供たちが学習活動に積極的に取り組める「魅力的」な学び，より高度で多様な課題に学習時間が当てられる「効率的」な学び，さらにクラス全員の学力向上につながる「効果的」な学びの支援にもつながるといえます。

参考文献・URL

Bonwell, C. C. &Eison, J. A.（1991）. *Active Learning: Creating Excitement in the Classroom.* ASHE-ERIC Higher Education report No.1.

小柳和喜雄（2016）「教育の情報化（ICT活用）とアクティブ・ラーニング」日本教育方法学会編『アクティブ・ラーニングの教育方法学的検討』図書文化社，pp.52-67.

文部科学省（2014）「学びのイノベーション事業実証研究報告書」https://www.mext.go.jp/b_menu/shingi/chousa/shougai/030/toushin/1346504.htm　2020年4月20日閲覧.

（李　禧承）

Q 17　生徒指導について学ぶ意義を述べなさい

　生徒指導は，学習指導と並ぶ学校教育の柱の１つであり，全ての教職員が全ての子供を対象に，学校生活のあらゆる場や機会を活用して行う重要な機能であるため，教職課程で生徒指導を学ぶ意義があります。

1．生徒指導の対象

　生徒指導とは，「一人一人の児童生徒の人格を尊重し，個性の伸長を図りながら，社会的資質や行動力を高めることを目指して行われる教育活動」であり，「児童生徒自ら現在及び将来における自己実現を図っていくための自己指導能力の育成」を目指しています（文部科学省，2010）。

　生徒指導という言葉を聞くと，校則違反や暴力行為などを起こした子供を対象に，厳しい指導や注意を行い，停学や退学など懲戒の処遇を与えることをイメージするかもしれませんが，これは生徒指導の一部に過ぎません。生徒指導は，目的に応じて３種類に分類され，先ほどのように深刻な問題や悩みがあり，特別な支援を必要とする子供を対象とした指導や支援は「課題解決的な指導」と呼ばれています。それに対して，一部の子供を対象に，問題が深刻にならないように早期発見・早期対応を行う指導を「予防的な指導」といいます。また，全ての子供を対象に，個性の伸長や自身の成長をねらいにした指導は「成長を促す指導」と呼ばれています。

　生徒指導を充実させるためには，課題解決的な指導だけでは不十分であることは言うまでもなく，予防的な指導や成長を促す指導を積極的に行うことが期待されます。ただし，ほとんどの子供は少なからず何らかの教育的ニーズを抱えています。これらを踏まえると，生徒指導は，全ての子供を対象にして，３種類の指導を包括的に展開することが求められています。

2．生徒指導の位置づけと担当者

（1）生徒指導の位置づけ

中学校や高等学校の教職を志望する学生の中には，生徒指導は学級担任や生徒指導担当といった一部の教職員が，授業時間外に行うものという認識を持っている場合がありますが，これらは生徒指導に対する間違った認識です。

まず，生徒指導は，教科における学習指導のように授業時間割に組み込まれる教育課程だけではなく，全ての教育活動の中で展開されるものとして位置づけられています。例えば，授業時間中の学習環境を整えるために行う私語の指導や円滑な話し合いを促進するために行うグループ編成の調整などは，教育課程の中で行われる生徒指導です。また，休憩時間や放課後に起きた子供同士のトラブルへの対処や指導は，教育課程外での生徒指導となります。さらに，各教科の予習・復習といった家庭での学習習慣の形成に向けた指導なども生徒指導に該当します。実際に，生徒指導の進め方について示した生徒指導提要（文部科学省，2010）の中でも，生徒指導は「学習指導と並んで学校教育において重要な意義を持つもの」であり，「学習指導の場を含む，学校生活のあらゆる場や機会」で行うことが必要であると示されています。

（2）生徒指導の担当者

また，生徒指導は全教職員が実施するものです。特に，近年は子供を取り巻く環境が変化し，生徒指導に関する課題が複雑化・多様化しています。そのため，学校現場では様々な課題を学級担任が1人で対応するのではなく，学校内の教職員，スクールカウンセラーやスクールソーシャルワーカーなどの外部の専門家および専門機関を活用した学校組織，いわゆる「チームとしての学校」による対応が重要となっています。こうした組織的対応が効果的に機能するためには，教職員一人ひとりが生徒指導について十分な理解をしておくことが大前提です。その上で，学校として目指す方向性について共通理解を図り，自らに与えられた役割を積極的に担うことが求められます。

引用・参考文献

文部科学省（2010）『生徒指導提要』教育図書.　　　　　　　　　　　　（山田洋平）

Q 18　特別支援教育について学ぶ意義を述べなさい

　特別支援教育は「特別な支援を必要とする幼児児童生徒が在籍する全ての学校において実施されるもの」であり，通常の学級に在籍する特別な支援を必要とする子供への支援の充実は重要な課題であるとともに，それを担う教師の専門性向上が強く求められています。

1．特別な支援を必要とする幼児児童生徒への対応

　文部科学省が2012年に行った調査によると，通常の学級において知的発達に遅れはないものの学習面又は行動面で著しい困難を示すと担任教師等が判断した児童生徒の割合は6.5%でした。これは，例えば35人学級を想定した場合，少なくとも2〜3人は発達障害の可能性のある児童生徒が在籍していることを示しています。つまり，特別支援教育とは，特別支援学校や特別支援学級といった特別の場で行うものだけでなく，通常の学級においても取り組んでいかなければならないものなのです。文部科学省の通知においても，特別支援教育は「特別な支援を必要とする幼児児童生徒が在籍する全ての学校において実施されるもの」であるとされており，通常の学級における特別支援教育の充実は重要な課題となっています。

　そうした中，2017年に告示された幼稚園教育要領には「障害のある幼児などへの指導に当たっては，（中略）個々の幼児の障害の状態などに応じた指導内容や指導方法の工夫を組織的かつ計画的に行うものとする」と示され，小・中・高等学校の平成29・30年度版学習指導要領にも「障害のある児童・生徒などについては，学習活動を行う場合に生じる困難さに応じた指導内容や指導方法の工夫を計画的，組織的に行うこと」と示されました。また，これまで小・中学校でのみ行われていた通級による指導（通常の学級に在籍している児童生徒が必要に応じて個別的な指導を受けることのできる制度）が，2018年度より高等学校でも開始されました。

　このように今や通常の学校における特別支援教育は我が国の学校教育に必

要不可欠なものであり，それを担う教師の専門性向上が強く求められている
のです。

2．教職課程における特別支援教育の位置づけ

　教師の特別支援教育に関する専門性向上の課題に対して，我が国では
2016年から2017年にかけて教育職員免許法及び同法施行規則を改正し，学
校現場で必要とされる知識や技能を教職課程で獲得できるよう教職課程の内
容の充実を図りました。その中で，「特別の支援を必要とする幼児，児童及
び生徒に対する理解」に関する科目を新たに必修科目として設け，教育職員
免許状を取得するすべての学生に1単位以上の修得を義務付けました。2017
年には，全国すべての大学の教職課程で共通的に修得すべき資質能力を明確
化した「教職課程コアカリキュラム」が作成され，上記科目については，
「特別の支援を必要とする幼児，児童及び生徒の理解」や「特別の支援を必
要とする幼児，児童及び生徒の教育課程及び支援の方法」といった内容に加
えて，「障害はないが特別の教育的ニーズのある幼児，児童及び生徒の把握
や支援」として，「母国語や貧困の問題等により特別の教育的ニーズのある
幼児，児童及び生徒の学習上又は生活上の困難や組織的な対応の必要性につ
いての理解」も含まれました。

　以上のことから，障害のみならず，家庭環境や国籍，文化，セクシャリ
ティの違いといった多様な子供たちの教育的ニーズに対応できる知識や技能
がこれからの教師には求められており，教職課程で特別支援教育について学
ぶ意義が高まっていると言えます。

参考文献

文部科学省（2007）「特別支援教育の推進について（通知）」.

文部科学省（2012）「通常の学級に在籍する発達障害の可能性のある特別
　　　な教育的支援を必要とする児童生徒に関する調査結果について」.

（宮木秀雄）

Q 19　教育相談について学ぶ意義を述べなさい

　「教育相談」と聞くと，学校生活での悩みなどについての個別の相談活動だと捉えられがちですが，実は子供の心理的成長やその先の自己実現を目指して行われる教育活動そのものです。教育相談の必要性やこれから求められる教育相談の在り方について説明します。

1.「教育相談」とは何か

　学校教育は教育の目的である「人格の完成」を目指して学校の中で展開される学習指導と生徒指導の双方により成り立っており，その生徒指導の中核にあるのが教育相談です。2010年発行の生徒指導提要（文部科学省）では，「教育相談は，児童生徒それぞれの発達に即して，好ましい人間関係を育て，生活によく適応させ，自己理解を深めさせ，人格の成長への援助を図るものであり，決して特定の教員だけが行う性質のものではなく，相談室だけで行われるものでもありません。」とされています。一般的に生徒指導は訓育的で管理的，教育相談は受容的で援助的だと思われがちですが，生徒指導も教育相談も「豊かな自己実現」を目指しており，その機能にほとんど差異はありません。強いて言えば2つの差は，子供の社会性を発達させる中で，教育相談は主に個の心理的成長に焦点を当てる，すなわち「社会に生きられる個を育てる」教育活動であり，生徒指導は集団としての社会性の醸成を目指す，すなわち「個が育つ集団を育てる」教育活動であることにあります。

　平成29・30年度版学習指導要領では，全ての校種の「総則」において児童（生徒）の発達を支える指導の充実のために，「主に集団の場面で必要な指導や援助を行うガイダンスと，個々の児童（生徒）の多様な実態を踏まえ，一人一人が抱える課題に個別に対応した指導を行うカウンセリングの双方により，児童（生徒）の発達を支援すること。」と明示されており，益々教育相談の重要性は高まってきています。

2．これから求められる教育相談

　核家族化や少子化，虐待や貧困の増加，子供集団や遊びの変質など，子供たちの育つ環境は以前に比べ大きく変化しています。さらに社会では格差が広がりつつあり，様々な変化が激しく予測が困難です。このような社会の中で「人格の完成を目指し平和で民主的な国家及び社会の形成者として必要な資質を備えた心身ともに健康な国民の育成」（教育基本法第 1 条）を行おうとする時，カウンセリングにより子供の心理的発達を支え，ガイダンスによって社会的発達を促していくということが求められます。

　こうしたことの実現には，これまでの対処的・治療的なカウンセリング活動が中心の教育相談では不十分です。実は，教育相談には，全ての児童生徒を対象に，個性を生かし社会性を身に付け，自己実現が図れるように力量を向上させる「開発的教育相談」，問題を持ち始めた児童生徒を対象に早期発見・対応を行う「予防的教育相談」，不登校や非行など，学校適応上の問題や心理面の問題を持つ子供に対する指導・支援を行う「問題解決的教育相談」という 3 つの機能があります。多様で複雑な子供のニーズに対応しながらこの 3 つの機能を果たすためには，校内外の様々な人材や専門機関との連携が不可欠です。2015 年の中央教育審議会「チームとしての学校の在り方と今後の改善方策について（答申）」において「チームとしての学校」の在り方が示され，2017 年の文部科学省「児童生徒の教育相談について（通知）」では，「教育相談コーディネーター」と呼ばれる教職員を中心とした教育相談体制の構築の必要性を示し，校内外の組織的な連携や支援体制を整え開発的・予防的教育相談を一層充実させることが求められています。これらのことから，教職課程において教育相談を学ぶ意義は一層増していると言えるでしょう。

引用・参考文献

栗原慎二（2002）『新しい学校教育相談の在り方と進め方』ほんの森出版.

嶋崎政男（2019）『新訂版　教育相談基礎の基礎』学事出版.

文部科学省（2010）『生徒指導提要』教育図書.

（山崎　茜）

Q 20　キャリア教育について学ぶ意義を述べなさい

　キャリア教育という言葉は政策文書に初めて登場してから20年余りの時間が経過しました。学校教育の中でも一般的に使用されている用語でしょう。しかし，キャリア教育という言葉が市民権を得た今もなお，「キャリア教育は職場体験学習のことだ」「キャリア教育はどの大学に進学するか，どの会社に就職するかといった進路指導のことだ」といった誤解が存在しています。そうした誤解を解き，本来の「キャリア教育とは何か」を学ぶことは非常に大きな意義があります。本来の意味と，キャリア教育についてどのような実践が求められているか確認し，キャリア教育を学ぶ意義を考えていきましょう。

1．「キャリア教育」とは何か？

　人は色々な役割を担いながら生きています。家に帰れば父親，母親といった役割があり，学校に行けば学生という役割があります。また，学生であってもアルバイト先で働いている間は店員という役割を持ちます。これらの役割は「人生」の中で変化しながら，積み重なり，つながっていきます。これが「キャリア」の意味するところです。そして，キャリアを重ね，自分の役割を果たしつつ，自分らしい生き方を実現していく過程を「キャリア発達」と言います。

　キャリア教育とは，「一人一人の社会的・職業的自立に向け，必要な基盤となる能力や態度を育てることを通してキャリア発達を促す教育」と定義されています。キャリア教育は，職業人，家庭人，地域社会の一員等，様々な役割を担いながら，社会に参画できる力を育成しようとしているのです。

2．キャリア教育を通して育成したい力

　キャリア教育を通して育成したい，社会に参画し，社会を支えていくための力は，「基礎的・汎用的能力」に整理されます。キャリア発達に関わる諸能

力としてかつて「4領域8能力」に整理されていましたが，現在の基礎的・汎用的能力へと発展，再整理され現在の形となりました。基礎的・汎用的能力は，①人間関係形成・社会形成能力，②自己理解・自己管理能力，③課題対応能力，④キャリアプランニング能力の4つで構成されます。

　しかし，これらの能力をどの程度身に付けるかは学校段階や子供の発達段階，学校や地域の特色によって異なると考えられます。そこで，各学校は「基礎的・汎用的能力」の枠組みを参考にしつつ，具体的な能力を設定し，創意工夫された教育を通してそれらを育成することが求められているのです。

「人間関係形成・社会形成能力」は，
多様な他者の考えや立場を理解し，相手の意見を聴いて自分の考えを正確に伝えることができるとともに，自分の置かれている状況を受け止め，役割を果たしつつ他者と協力・協働して社会に参画し，今後の社会を積極的に形成することができる力である。
　例えば，他者の個性を理解する力，他者に働きかける力，コミュニケーション・スキル，チームワーク，リーダーシップ等が挙げられる。

「自己理解・自己管理能力」は，
自分が「できること」「意義を感じること」「したいこと」について，社会との相互関係を保ちつつ，今後の自分自身の可能性を含めた肯定的な理解に基づき主体的に行動すると同時に，自らの思考や感情を律し，かつ，今後の成長のために進んで学ぼうとする力である。
　例えば，自己の役割の理解，前向きに考える力，自己の動機付け，忍耐力，ストレスマネジメント，主体的行動等が挙げられる。

キャリア教育を通して育てる　基礎的・汎用的能力

「課題対応能力」は，
仕事をする上での様々な課題を発見・分析し，適切な計画を立ててその課題を処理し，解決することができる力である。
　例えば，情報の理解・選択・処理等，本質の理解，原因の追究，課題発見，計画立案，実行力，評価・改善等が挙げられる。

「キャリアプランニング能力」は，
「働くこと」の意義を理解し，自らが果たすべき様々な立場や役割との関連を踏まえて「働くこと」を位置付け，多様な生き方に関する情報を適切に取捨選択・活用しながら，自ら主体的に判断してキャリアを形成していく力である。
　例えば，学ぶこと・働くことの意義や役割の理解，多様性の理解，将来設計，選択，行動と改善等が挙げられる。（第1章3（2）③）

図2-20-1　キャリア教育を通して育成したい「基礎的・汎用的能力」
（出典：中央教育審議会「今後の学校におけるキャリア教育・職業教育の在り方について（答申）」）

3．キャリア教育の実践

　これまでも各学校でキャリア教育を実践してきました。今回，平成29・30年版の学習指導要領が告示されたことで，キャリア教育は学習指導要領上明文化されています。

表2-20-1　学習指導要領上のキャリア教育実践の在り方

小学校	中・高等学校
児童が，学ぶことと自己の将来とのつながりを見通しながら，社会的・職業的自立に向けて必要な基盤となる資質・能力を身に付けていくことができるよう，特別活動を要としつつ各教科等の特質に応じて，キャリア教育の充実を図ること。 （第4　児童の発達の支援）	生徒が，学ぶことと自己の将来とのつながりを見通しながら，社会的・職業的自立に向けて必要な基盤となる資質・能力を身に付けていくことができるよう，特別活動を要としつつ各教科等の特質に応じて，キャリア教育の充実を図ること。（中：第4　生徒の発達の支援，高：第5款　生徒の発達の支援）

（筆者作成）

　これらのことを踏まえ，学校教育におけるキャリア教育は以下のような点をポイントとして実践することが重要だと考えられています。

　①キャリア教育を通して身に付けさせたい力を設定

　児童生徒の実態や，学校の状況を踏まえ，また育成できたかどうかを評価できるような目標を設定する。（例：○○することができるようになる）

　②各教科における「キャリア教育の宝」を見出す

　キャリア教育で育成しようとする力は，ある特定の教科・活動で育成可能なものではありません。学校教育の全体を通じて育成することができるのです。そのため，各教科の特色を生かし，つまり各教科の「見方・考え方」を働かせながら，どのような力を育成できるのか見出す必要があるでしょう。これを「キャリア教育の宝」を見出すと呼びます。

　③特別活動を要にして実践する

　キャリア教育を考える際に，特別活動の中でも，「ホームルーム活動」を要にすることが求められています。各教科でキャリア教育を実践しても，獲得した力が社会に出た時どのような場面で役に立つのか等をまとめ，社会に参画する力へと昇華させていく必要があります。その役割を担うのが特別活動であり，各教科ばらばらなものを繋ぎとめるという意味で「要」と説明されます。その際，「キャリア・パスポート」といった教材を活用し，これまでのキャリア教育の実践を記録し，蓄積していくことが求められています。

参考文献・URL

中央教育審議会（2011）「今後の学校におけるキャリア教育・職業教育の在り方について（答申）」https://www.mext.go.jp/component/b_menu/shingi/toushin/__icsFiles/afieldfile/2011/02/01/1301878_1_1.pdf 2020年4月29日閲覧.

藤田晃之（2019）『キャリア教育フォービギナーズ』実業之日本社.

文部科学省（2017）「小学校学習指導要領（平成29年告示）解説　総則編」.

文部科学省（2017）「中学校学習指導要領（平成29年告示）解説　総則編」.

文部科学省（2018）「高等学校学習指導要領（平成30年告示）解説　総則編」.

（田邉良祐）

Q21 道徳教育について学ぶ意義を述べなさい

　道徳教育は，一部の教科，特定の教員が行うものではありません。「道徳」に関する知識・技能は全ての教師が持ち合わせておくべき事項です。学校内での道徳教育をどのように実践していくことが求められているのか，確認していきましょう。

1. 道徳教育の目標と学習指導要領

　教育基本法第1条では「教育の目的」，つまり「人格の完成」を目指すことが規定されています。ここでいう教育は，学校教育のみならず家庭教育や生涯学習等，日本の全ての教育活動を指しています。学校教育において，この「人格の完成」を目指し教育活動を展開しようとした時，道徳教育は重要な基盤となるものです。学校教育における道徳教育は何を目指しているのでしょうか。

　例えば中学校について，平成29年度版学習指導要領では，「道徳教育は，教育基本法及び学校教育法に定められた教育の根本精神に基づき，人間としての生き方を考え，主体的な判断の下に行動し，自立した人間として他者と共によりよく生きるための基盤となる道徳性を養う」と，道徳教育の目標が定められています。さらに，具体的に「道徳的諸価値についての理解を基に，自己を見つめ，物事を広い視野から多面的・多角的に考え，人間としての生き方についての考えを深める学習を通して，道徳的な判断力，心情，実践意欲と態度を育てる」としています。

　上記のような道徳教育の目標は，特定の教科・活動で，特定の教師が行っても達成できないことは明白です。すべての教師が，学校教育の全体を通じて実施することが必要なのです。

2. 「特別の教科道徳」の登場

　小学校は2018年度から，中学校では2019年度から「特別の教科道徳」（道

徳科）が開始されました。通常であれば，教師はその教科の免許状を有し，教科書を使用し，成績評価を行います。しかし，先述したように道徳教育は学校教育の全体を通じて行われ，数値による評価も行いません。「特別の教科」としているのは，他の教科と比べてそのような違いがあるのです。

　道徳教育の要として期待される「特別の教科道徳」ですが，同科目が開設された背景の一つに「いじめ問題への対応」が挙げられます。教育再生実行会議が提言した「いじめ問題等への対応について」では，道徳教育の重要性について多く触れられています。また，いじめ防止対策推進法第15条にも，学校におけるいじめの防止について「学校は，児童等の豊かな情操と道徳心を培い（中略）全ての教育活動を通じた道徳教育及び体験活動等の充実を図らなければならない」と規定されています。

3．道徳教育の課題

　今日の学校教育の課題に対して期待される道徳教育ですが，「授業方法が教材の登場人物の心情を量るだけなど型にはまったものが多い」等，実践上の課題が指摘されています。

　こうした課題を踏まえ，教師は道徳教育を実践するために，「子供たちの学習状況や道徳教育の目標に照らし成長の様子を様々な方法で捉える」，「個々の子供がいかに成長したかを積極的に捉える」など実践的指導力を有することが求められます。

引用・参考文献・URL

教育再生実行会議（2013）「いじめ問題等への対応について（第一次提言）」
　　　　https://www.kantei.go.jp/jp/singi/kyouikusaisei/pdf/dai1_1.pdf　2020年
　　　　4月29日閲覧.
文部科学省（2017）「中学校学習指導要領（平成29年告示）」.

（田邉良祐）

Q22 家庭・地域社会との連携・協働について学ぶ 意義を述べなさい

　学校が教育活動を展開する上で，家庭や地域社会との連携・協働が不可欠となっています。ここでは学校と家庭・地域社会との連携・協働をめぐる動向について説明します。

1．学校と家庭・地域社会との連携・協働の必要性

　今日の教育活動は学校だけで展開できるわけではなく，家庭や地域社会，関係諸機関等と連携・協働する必要があります。学校と家庭，地域社会との連携・協働について，教育基本法第13条では「学校，家庭及び地域住民その他の関係者は，教育におけるそれぞれの役割と責任を自覚するとともに，相互の連携及び協力に努めるものとする」と規定されています。また，平成29・30年度版学習指導要領においても「よりよい学校教育を通してよりよい社会を創る」という目標を学校と社会が共有し，連携・協働しながら，新しい時代に求められる資質・能力を子供たちに育む「社会に開かれた教育課程」の実現が求められています。

2．学校と家庭・地域との連携・協働を促す施策の動向

　2004年の「地方教育行政の組織及び運営に関する法律」の一部改正により，同法第47条の5において「学校運営協議会」が導入されました。学校運営協議会は，学校運営，教職員人事について関与する一定の権限を有する合議制の機関であり，学校運営協議会を設置する学校は「コミュニティ・スクール」と呼ばれ，「熟議」を通じた学校・家庭・地域の連携・協働による様々な取組が行われています。

　また，2015年の中央教育審議会「新しい時代の教育や地方創生の実現に向けた学校と地域の連携・協働の在り方と今後の推進方策について（答申）」では，学校が地域の人々と目標やビジョンを共有し，地域と一体となって子

供たちを育む「地域とともにある学校」に転換することが求められています。同答申では地域の様々な機関や団体等がネットワーク化を図りながら，学校，家庭及び地域が相互に協力し，地域全体で学びを展開していく「子供も大人も学び合い育ち合う教育体制」を構築することや学校を核とした協働の取組を通じて，地域の将来を担う人材を育成し，自立した地域社会の基盤の構築を図る「学校を核とした地域づくり」を推進することが求められています。さらに，2015年の中央教育審議会「チームとしての学校の在り方と今後の改善方策について（答申）」では，本当の意味での「生きる力」を定着させるために，学校のマネジメントモデルの転換を図り，「チームとしての学校」を確立することが求められ，具体例として次の3点が挙げられています。

①学校と家庭・地域との連携・協働によって，共に子供の成長を支えていく体制を作ることで，学校や教員が教育活動に重点を置いて取り組むことができるようにすること。

②学校と警察や児童相談所等との連携・協働により，生徒指導や子供の健康・安全等に組織的に取り組んでいくこと

③心理や福祉等の専門スタッフを学校職員として法令に位置づけ，職務内容を明確化するとともに，質の確保と配置の充実を進めること。

3．家庭・地域社会との連携・協働の意義を学ぶために

大学の講義だけで家庭・地域社会との連携・協働の意義を学ぶことは難しいでしょう。在学中に学校ボランティアやインターンシップ等に積極的に参加することで，学生ではなく地域社会の一人の「オトナ」として，学校・教員と連携・協働して子供の学びと成長を支援することを通じて，その意義を学ぶことができます。

参考文献

林孝・米沢崇・諏訪英広編著（2019）『子どものために「ともに」歩む学校，「ともに」歩む教師を考える』あいり出版.

（米沢　崇）

第 3 章
教育実習の目的と意義

Q 23 教職課程における教育実習の目的と意義について論じなさい

実習校での様々な教育実践を通じて，実習生自らが教職への適性や自身のキャリアを考える貴重な機会である教育実習の目的と意義について述べます。

1．教育実習の目的

教育実習は，教員免許状を取得する上で必修となる科目です。幼稚園・小学校・中学校の普通免許状取得には5単位（そのうち事前・事後指導1単位を含む），高等学校の普通免許状取得には3単位（そのうち事前・事後指導1単位を含む）の修得を必要とします。実施期間は一般的に幼稚園・小学校が4週間，中学校が3週間，高等学校が2週間となっており，多くの大学では3年次生・4年次生時に附属学校園や公立学校園で行われています。実習期間中，実習生は配属された学年・学級の様々な教育活動を観察するとともに，それらに参加することで学校の実態や子供一人ひとりの個性を理解していくことになります。さらに，教科等に関する教壇実習を中心に学級経営や生活指導，生徒指導等を実際に行い，教員の仕事を体験的に学んでいきます。

1969年の文部省（現文部科学省）「教員養成のための教育実習のあり方について」を参考にすると，教育実習の目的は，教職を志望する学生が，教育現場において，子供との関わりを通して，教員たるに必要な基盤を確立することにあります。このような目的と各大学が育てたい教員像及び資質能力をもとに，その大学独自の教育実習の目標が定められており，そこに教員を養成する側の意図も表されています。教育実習の前に大学の教育実習の目標を確認して，自分自身の学習課題を明確にして臨みましょう。

2．教育実習の教育的意義

では，教育実習は教職を志望する学生にとってどのような教育的意義を有しているのでしょうか。教育実習の教育的意義として次の点が挙げられます。

①数週間という短い期間ではあるが，実習校の教育活動を観察するとともに，授業等を実践することを通して，教育現場の実際を体験的に学ぶこと。

②学生ではなく教員として子供と関わることを通じて，自身の教職への適性に向き合うとともに，教職を目指す意欲や使命感を醸成すること。

③教壇実習や学級経営に関する指導等を通じて，教授や学習評価，子供理解に関する資質能力など，教員に求められる資質能力の基礎を身に付けること。

④大学の講義等で学んできた理論知と教育現場での実践を通して学んだ実践知を往還・統合させるとともに，教育実習終了後に今後の大学生活で教職を目指す上で取り組んでいくべき課題を明確にすること。

　以上のように，教育実習は，実習生にそれまでの「教えられる側」から「教える側」へと視点の転換をもたらすとともに（林，1996），多様な学びを提供しています。その学びは単なる指導技術に留まるものではなく，子供とはどのような存在か，教職とはどのようにあるべきかなど，実習生自身の教育に対する認識を広げることにもつながっていくのです。このように，教育実習は教員を目指す学生のその後のキャリア形成に重要な教育的意義を有しています。

　また，今日の教職課程では教育実習以外にも学校体験活動やフレンドシップ事業，ボランティア活動，学校インターンシップなど，様々な形態の体験的授業科目が行われています。そのような体験的授業科目でも，教員を目指す学生が多様な実践の場に参画することで，実際に子供や様々な人々と関わり，教員としての資質能力を形成していくことが期待されています。

引用・参考文献

林孝（1996）「教育実習の機能に関する考察（その2）－実習校の組織風土と組織文化をめぐって－」『学校教育実践学研究』2，pp.11-22.

黒﨑東洋郎（2001）「教育実習の目的と意義」有吉英樹・長澤憲保編著『教育実習の新たな展開』ミネルヴァ書房，pp.30-37.

（米沢　崇）

Q24 教育実習における事前指導・事後指導の目的と意義について論じなさい

　教育実習において，自らの専門性を高めるためには，適切な準備を整え，経験した学びを丁寧に振り返ることが重要です。ここからは，教育実習における事前指導・事後指導の目的と意義について答えたいと思います。

1．事前指導の目的と意義

　教育実習に臨む前に実習生としての準備の方法を理解したり，目標を明確にしたりすることで，教育実習の学習効果を高め，実際に学校現場を訪れた際に困らないよう備えることができます。さらに，教育実習では，様々な場面において，子供たちや先生方と関わりながら活動が行われるため，実習生としての基本的な態度や姿勢について確認しておく必要があります。事前指導において，学生が円滑に教育実習を進めるために必要な事柄を適切に理解することができれば，教育実習前の不安は解消し，安心して教育実習に臨むことができるでしょう。事前指導によって得た知識を基本事項として捉え，実習校の先生方の指導に対して柔軟に対応することが求められます。

　一般的には，教育実習期間中に実習生には学習指導が求められ，これまで大学の教職科目や専門科目の講義などで得た専門的知識を基に，授業を行います。円滑に授業を進めるためには，子供たちと良好な関係を築き，子供たちの反応や理解度を見極められるようにしておくことが大切です。そのためには，休み時間などを利用して，授業時間外も子供たちと関わりながら様子を知り，子供たちと日々過ごしている先生方に指導を受けることも重要です。疑問や不安なことがあれば，その都度相談するなど，実習生として，謙虚な姿勢や態度で教えを乞い，一つずつできることを増やしながら実習期間を過ごしましょう。

2．事後指導の目的と意義

　教育実習後には，自らの学習成果と今後の課題について整理することや実践的に学んだ経験を知識や技能として定着させるため，教育実習の期間を総合的に振り返ることが大切です。教育実習前に立てた目標が達成されたかどうかを確認し，実習の前後で，教師という職業や子供たちに関すること，学校という組織のことなど，自らが想像していたことと実際の体験を通して感じたことに変化があったかどうかを比較しながら，省察を行いましょう。教育実習は，大学の講義だけでは経験できない生の子供たちとの関わりの中に学びがありますが，適切に経験を振り返ることをしなければ，教育実習の学習効果を高めることはできません。どのような準備や環境設定を整えるとうまく授業を流しやすく，反対に滞りやすいのか，経験を自分なりに解釈することにより，経験した学びを実践的な指導力として身に付けることができるようになるのです。

　また，教育実習における子供たちとの関わりの経験を解釈するための手がかりとなるのが，専門的な知識です。教師としての指導力を向上させる過程には，実践力の獲得と専門的知識の習得の両方が必要になります。そのため，学校現場に入って行う教育実習も大学における講義もどちらも大切な学びの機会といえます。

　さらに，教育実習は，教職への適性や進路について考える機会でもあります。教職への意欲が高かった学生も理想と現実の差に違和感を持つことがあるかもしれません。反対に，教職への意欲が低かった学生が教職の素晴らしさに気が付くかもしれません。どちらにせよ，一人ひとりの子供，現場の先生方の大切な時間を頂戴したのですから，ただの経験で終わらせることのないよう，経験したすべてのことについて，振り返り学びましょう。

参考文献

土井進（2017）『テキスト中等教育実習「事前・事後指導」－教育実習で成長するために』ジダイ社．

高野和子（2000）「教育実習とは何か」教育実習を考える会編『新編教育実習の常識－事例にもとづく必須66項』蒼丘書林．

（三田沙織）

Q25 教育実習に向けた教育実習生としての心得を説明しなさい

　学校現場で学ぶためには，実習生としてふさわしい態度や習慣を身に付け，常に心掛けておかなければならないことがあります。ここからは，教育実習に向けた実習生としての心得について説明します。

1．教育実習前の心得

　教育実習期間前から教育実習は，始まっています。まずは普段の生活態度を正し，学校現場で学ぶためにふさわしい態度や習慣を身に付けておきましょう。実習生とはいえ，子供たちの前に立てば，現役の先生方と変わらない「教師」なのであり，「学生」としてではなく，「教師」としてふさわしい態度で振る舞うことができるよう備えておくことが大切です。それでは，教育実習前の実習生としての心得を次に示します。

①実習校までの通勤経路と時間を確認し，実習校から指示された出勤時間よりも10～20分前に到着できるよう家を出る時間を逆算しておく。支度の時間も踏まえた起床時刻には起きられるようにする。

②睡眠時間を6時間程度は確保できるように就寝時刻も一定にしておく。

③小学校や中学校での実習の場合は，給食指導のことも考慮し，好き嫌いせずに何でも食べられるようにしておく。（アレルギーのある食品はこの限りではない）

④健康管理に気を付ける。

⑤挨拶やお礼の言葉が自然と言えるようにしておく。

⑥正確な敬語を使い，大きな声で朗らかに受け答えができるようにしておく。

⑦多くの情報を文書として，手書きでまとめることができるように練習しておく。

⑧頭髪，服装等，身だしなみを整えておく。

⑨学校が定めた欠席連絡の方法や許可を得る方法について把握しておく。

⑩わからないことや困ったことがあった場合に備え，大学や実習校との連絡方法を把握しておく。

⑪実習校とのやり取りや電話の内容，日時などメモをとり記録に残しておく。

⑫授業に必要な用具，時計やバインダー，ファイルなどを準備しておく。

⑬実習校の定める勤務規則をよく把握しておく。

⑭担当クラスの児童生徒の名簿を受け取っている場合は，読み方など覚えておく。

⑮教科書等が事前に借用できれば，教材研究を行っておく。

２．教育実習時の心得

　いざ実習が始まったら，明るく元気よく積極的に先生方や子供たちに関わりましょう。教科指導や生活指導，子供たちとの関わり方については，準備をしてうまく行かなくても仕方がありません。大切なのは，学ばせていただくという感謝の気持ちや，指導していただいたことを謙虚に受け止める態度です。教育実習を自らの専門性をさらに高めることができるよう，実りの多い機会にしてください。教育実習時の心得を (1) 〜 (3) にそれぞれ示します。よく確認して実習に臨みましょう。

（１）勤務に関すること

①朝起床後必ず検温して体調を確認する。不安なら指導教員に相談する。

②実習校から指示された時間の10 〜 20分前に到着できるように出勤し，掃除など環境整備を率先して行う。

③遅刻や欠勤になるような場合には，実習校に連絡し許可を得る。体調不良や家庭の事情などやむを得ない事由でない限り，欠勤しない。

④通勤は原則として公共の交通機関を利用し，自家用車やバイクでは，通勤しない。

⑤子供たちの見本となるような清潔な身だしなみを整え，言葉遣いにも気を付ける。

⑥貴重品は必要最低限とし，管理は自分の責任で行う。

⑦守秘義務を守り，教育実習中に知り得た子供たちの個人情報を口外しない。

⑧指導案や提出物は必ず決められた時間と方法を守り提出する。

⑨任せられた仕事や当番などは，余裕を持って行い，期限よりも早めに対応する。

⑩学校の規則や学級のルールをよく把握し，率先して守る。

⑪実習校の施設・備品を使用する際には，必ず許可を得てから使用し，返却する際には後始末をする。

⑫不明なことがある場合には，勝手に判断せずに指導教員に指示を仰ぎ行い，その後必ず報告を行う。

⑬緊急時には，子供たちの安全を確保するために最善の方法を選択し行うようにするが，基本的には，指導教員への報告・連絡・相談・確認はこまめに行う。

⑭学校内では，面識がない人にも率先して挨拶をする。

⑮学校行事には指導教員の許可を得て，積極的に参加する。

⑯空き時間は有効に使い，指導教員の許可を得てから教材研究や積極的に授業見学を行う。

⑰実習期間中は，実習校での学びに専念するため，アルバイト等は控え，特に休日は，体調を整えることや教材研究をするための時間とする。

（2）子供との関わり方に関すること

①子供たちと積極的に関わり，指導する。

②休み時間も積極的に子供たちに関わるようにする。

③教科指導は，正確にわかりやすく指導し，子供たちの反応の様子に合わせて行う。

④子供から相談された場合には勝手な判断で答えず，必ず指導教員に相談する。

⑤特定の子供とだけ関わるのではなく，全ての子供たちと分け隔てなく交流する。

⑥子供と個人的に連絡先を交換したり，学校外で接触したりしない。

⑦指導教員の許可を得ずに子供たちに感想文や反省文を書かせたりしない。

⑧子供たちに乱暴で差別的な言葉，やる気や自信をなくすような言葉を

使ったり，過度なスキンシップをとったりしない。

⑨子供たちの前で実習校の方針や教職員の批判をしない。

⑩子供たちの気を引くために，学業に関係のない実習生の個人的な情報や子供たちに悪影響を及ぼすような冗談を言わない。

（3）教職員との関わり方に関すること

①学習指導案の作成は，指導教員の指導を受けながら行い，授業前に指導教員に提出してから実施する。

②計画していた授業の方法や内容の変更を指導教員の許可なく勝手に行わない。

③指導教員からの指導は謙虚に受け止め，指示に従わなかったり，言い返したりしない。

④授業見学に来てくれた先生にはお礼を伝え，指導を受ける。

⑤実習後は，学校長や指導教員へ10日以内にお礼状を送る。

３．教育実習に向けた教育実習生としての心得のまとめ

　実習生の心得を述べてきましたが，まずは，しっかり挨拶することや言葉遣いに気を付けること，時間を守ることなど，基本的な事柄が適切にできるようにすることが最も重要です。明るく積極的に子供たちと関わり，現場の先生方に気持ちよく指導していただけるよう努めましょう。教職を志すと決めた日から，教育現場で学ぶための適切な準備を整えて教育実習に臨み，実習期間中は，先生方に対しても子供たちに対しても，敬意を持って関わりながら日々研鑽に励んでください。

参考文献

土井進（2017）『テキスト中等教育実習「事前・事後指導」－教育実習で成長するために』ジダイ社.

遠藤野ゆり（2017）「教師の資質とは何か－教育実習に行くまでのトレーニング」筒井美紀，遠藤野ゆり編『ベストをつくす教育実習－強みを活かし実力を伸ばす』有斐閣.

（三田沙織）

Q 26 教育実習経験を通じた教育実習生の学びと成長について論じなさい

　教育実習することでで，新たな発見や驚きがあることでしょう。ここでは，教育実習経験を通じた実習生の学びと成長について述べていきます。

1. 教育実習生の学びと成長

　まず，教育実習経験を通した実習生の学びとは，学校という教育機関について知ること，教師という職業について知ること，そして子供を理解すること，現段階での教師としての自らの適性を確認し，課題を整理することなどが挙げられます。続いて，実習生の成長とは，実際に子供たちと関わり，指導したり，理解したりする際に，ある一つの側面からしか子供たちについて捉えることができなかった学生が，様々な角度から子供たちを捉えられるようになったり，授業などを計画する際に，自らの気付きに伴って配慮したり，あらかじめ準備したりできるようになることだといえます。また，経験を踏まえて自分自身の目標を掲げられるようになることも成長といえるでしょう。何よりも教育実習期間中には，現役の先生方の指導の下，様々な反応をみせる子供たちに対応する指導方法を学ぶことができます。学生たちは，教育実習に行く前に必ずうまくいく効果的な指導方法を知りたがりますが，残念ながらそのような指導方法は示されていません。子供たちの個性は千差万別であり，一つの指導方法から得られる反応も子供たちの数だけあります。様々な状況において，教師としてどのように対応するのか，自分なりの方法を試して，探し続けることに学びや成長があるのです。

2. 教育実習後の振り返りレポートからみる教育実習生の学びと成長

　表3-26-1は，筆者が教職科目を担当した学生の中学校においての教育実習の振り返りレポートの一部です。彼は，教育実習の経験から，保健体育の授業に期待を寄せる生徒たちの心情を肌で感じ，実技による運動量を確保す

るためには，「簡潔にそして明確に指示を伝える」ということが大切であり，そのような指示を出すためには，教材として取り扱う運動種目をよく理解しておかなければならないということを学んでいます。加えて，体育の授業で技能の向上を保証することは大切だとしながらも，体を動かすことや体育を嫌いにならないように，生徒自身が自分の成長を感じられるよう配慮することを大切にしたいと述べています。彼が，教育実習を経験することにより，「生徒に指導する際に体育教師として大切にしたいこと」が明確になり，自分自身の教師観がより鮮明になったことが窺えます。上記のような学びや気付きは，大学の講義で話を聞いたり，各種専門書を読み込んだりするだけでは，獲得することが難しい授業者としての感覚的な知識でしょう。教育実習では，経験を通して改めて学ぶところに意味があり，経験の中から気付くところに成長があります。そのため，すべての瞬間に学びがあり，成長するためのチャンスがあります。しっかりと準備をして教育実習がよい学びと成長の機会となることを願っています。

表3-26-1　男子学生の感想レポート「教育実習を終えて，自身の学びと成長」

実習に行く前は，生徒と良好な関係が築くことができるか，授業を考えた通り円滑に行うことができるか，不安があった。
　教育実習に行ってみて，まず，授業を実際に中学生に向けてすることの難しさを知った。私は，授業の流れは良かったが，その中での細かい指示，どのように並ばせ，どのように座らせるのかなど，内容以外のところもしっかりと考える必要があると感じた。教える相手の特徴，どれだけ運動ができるかなど生徒の実態を考えながら行うことが大切だ。また，伝えるべきことを簡潔に伝えることが大切である。生徒は早く体を動かしたいので，できるだけ説明の時間は短くしなければいけない。だから，伝えるべきことを簡潔に伝えられるようにならなければいけないと感じた。そして「運動ができるようになる，上手くなる」ことはもちろん大切だが，一番重要なのは，「生徒が体を動かすこと，体育を嫌いにならないこと」だということである。できないことをどんどんチャレンジしてステップアップしていくことも大切だが，そうではなく，基本技能を毎回繰り返し練習することでできるようになっていく喜びや，すぐにはできない子が自分の成長を実感できることを大切にしていきたいと感じた。この実習では，さまざまな生徒と関わって多くのことを学ぶことができた。
　苦戦したことは，「簡潔に伝えること」「明確な指示を出すこと」である。簡潔に伝えるようにするには，その競技を理解していないとできないので，しっかりと準備をしていくことも大変だった。しかし，このことはとても大切になるので重要であることも学んだ。そして，生徒とのかかわり方もある。生徒それぞれ特徴，個性があるので，その個性に合わせて関わっていくことも苦戦した。その他にも数えきれないほど苦戦したことだらけだったが，それよりも忘れられない経験をたくさんできたので，本当によかった。

参考文献

土井進（2017）『テキスト中等教育実習「事前・事後指導」－教育実習で成長するために』ジダイ社.

寺崎里水（2017）「学校・生徒の実態と実習の課題－教師として成長するために」筒井美紀，遠藤野ゆり編『ベストをつくす教育実習－強みを活かし実力を伸ばす』有斐閣.

（三田沙織）

Q 27 教育実習生の学びと成長を促す指導教員の影響について論じなさい

　教育実習では様々な人との関わりを通して学んでいきますが，その中でも指導教員は実習生の学びを支え，成長を促しており，影響は大きいものがあります。ここでは，「メンタリング」という観点から，指導教員の影響について述べたいと思います。

1．教育実習における指導教員からのメンタリング

　教育実習における指導教員の一連の行動は，「メンタリング」という言葉で説明されます。和井田（2017）は，「メンタリング」とは，経験を積んだ専門家が新参の専門家の自立を見守り，援助することを意味しており，そこで助言にあたる先輩はメンター（mentor）と呼ばれると述べています。児玉（2016）を参照して表すならば，教育実習において教師として実際に経験を積んでいる教員が，「指導教員」として実習生に対して「教師を目指すもの」としての成長を促す支援をしており，指導教員と実習生の関係は「学生・教師間メンタリング」の1つにあたるということです。初めて教育現場を経験する実習生にとって，不安や悩みなどを相談し，助言を求める相手として，メンター（指導教員）の存在が非常に大きいのです。

　では，もう少し詳しく教育実習におけるメンターの影響についてみていきましょう。米沢（2008）によると，指導教員から教壇実習（実際に先生として授業をすること）に対する指導・支援を多く受けた実習生ほど，教授，評価，子供理解に関する力量と教師としての態度を形成する傾向にあることや，指導教員から実習生活に対する指導や支援を多く受けた実習生ほど，評価に関する力量を形成し，教師としての専門知識を獲得する傾向にあることが示されています。指導教員の指導や支援の量が多い方が，実習生の力量形成がされやすく，メンタリングが教育実習によい影響を及ぼしていることがわかります。また，教育実習では，実際の現場と自分の知識や概念とのズレ

（リアリティショック）を経験することがありますが，そのリアリティショックの経験に際して，指導教員からのメンタリングが特に重要となることが児玉（2016）で示されています。現場で感じる理想と現実の違いは，時として実習生の挫折や自信喪失につながることもありますが，指導教員のメンタリングによって困難を乗り越え，成長の糧とする経験もまた，教育実習での大切な学びの1つなのではないでしょうか。

2．教職に携わる一員としての自覚

　指導教員のメンタリングについて述べてきましたが，教育実習における指導や支援は，実習生の教育実習に臨む姿勢により引き出されるものであり，指導教員と実習生の相互のやり取りの中で厚みを増していくものです。実習生が意欲的に質問をしたり，想いを発信したりしていく積極的な態度であれば，きっとメンターである指導教員は経験の引き出しの中から実習生に見合った一層の指導や助言をしてくれるでしょう。実習生は未熟であり，教わることばかりのようにも思いますが，指導教員とともに教育に携わる中で，指導教員の学びを喚起し，相互に学びあっていく同僚性のようなものが生まれることがわかってきています。

　実習生も現場では一人の教師という自覚を持ち，自らも教育の現場に影響を与える一人という気持ちで教育実習に臨むことが，指導教員にも実習生にも学びと成長を与える時間につながっていくことでしょう。

引用・参考文献

児玉真樹子（2016）「教育実習でのリアリティショックにおけるメンタリングのキャリア発達促進効果」『キャリア教育研究』34 (2), pp.31-40.

米沢崇（2008）「実習生の力量形成に関する一考察－実習校指導教員の指導的かかわりとの関連を中心に」『日本教師教育学会年報』17, pp.94-104.

和井田節子（2017）「初任者研修とメンタリング」日本教師教育学会編『教師教育研究ハンドブック』学文社，pp.294-297.

（三島知剛）

Q 28 母校における教育実習と附属学校・協力校における教育実習の違いについて論じなさい

　教育実習には，自分の出身校である母校での実習と附属学校及び近隣の協力校における実習とがあります。教育実習を行うことにはどちらも変わりはありませんが，それぞれに応じた特徴について説明したいと思います。

1．教育実習についての方向性

　「今後の教員養成・免許制度の在り方について（答申）」（中央教育審議会2006）において，一般大学・学部については，「できるだけ同一都道府県内をはじめとする近隣の学校において実習を行う」「教員養成系大学・学部については，附属学校における実習が基本となる」とその方向性が示されています。しかし，その一方で，「出身地の学校で教育実習を行うことは，早い段階から地域の教育等を知る上で意義がある」と，各大学に柔軟に対応するよう求めています。従って，所属する大学の考え方や教職課程における教育実習のシステムによって，教育実習を母校で行うか，協力校・附属学校で行うかは変わってきます。

2．母校における教育実習について

　母校における教育実習の特徴の一つとして，自分がかつて学び慣れ親しんだ学校で実習を行えるという事で，安心感を持って臨めることが挙げられます。自分が，児童生徒として在籍し生活していた学校ですから，施設の配置や時間割，学校のきまり等について，実習前から把握しており，スムーズに教育活動に取り組むことができると考えられます。また，在籍当時の恩師や少しでも関わりのある先生方が勤務されたりしていることで，わからないことを気軽に聴いたり，話したりできるといったメリットも考えられます。さらに，自分が生活していた場所だからこそ，どのように地域と連携しているのかを，間近で経験し学べることも利点です。学校へ出入りする保護者の活

動や，地域のゲストを招いた授業など，自分の身近な事として捉え，学校と地域が連携して行う教育活動についての理解を深めることができます。一方で，実習生としての緊張感が薄れたり，大学側での授業参観による指導の対応が行き届かない，実習校の教員側が実習生を知っているが故に評価が客観性に欠けたりするといった課題も指摘されています。

3．附属学校・協力校における教育実習

　附属学校の使命や主な役割として「実験的・先導的な学校教育」「教育実習の実施」「大学・学部における教育に関する研究への協力」の 3 つが挙げられます。特に教育実習においては，皆さんを一人の社会人として，また一人の教員として育てようと，使命感を持って指導に当たってくれています。また，先進的な教育実践を参観することで，理論と実践の往還を図ることが可能になります。さらに，子供たちは，教育実習生が来て当たり前の学校生活となっているため，コミュニケーションがとりやすい半面，自分に近いフラットな存在として関わりを求めてくることもあります。子供たちと親しく接することは大事ですが，教師としての立場を忘れずに，一定の距離感を持って接することが重要です。協力校は，教育実習生の受入れに協力して頂ける一般的な学校であり，その大学の周辺校であることが多いです。母校のように，事前に知っていることが多いわけではないので，かえって緊張感を持って実習に臨める部分があります。反対に，学校体験活動やスクールボランティアといった大学と地域の学校が連携した活動に参加していると，事前に地域の学校についての理解が深まり，教育実習にも安心感を持って取り組めるでしょう。

参考文献・URL

文部科学省（2017）「教員需要の減少期における教員養成・研修機能の強化に向けて－国立教員養成大学・学部，大学院，附属学校の改革に関する有識者会議報告書」https://www.mext.go.jp/b_menu/shingi/chousa/koutou/077/gaiyou/1394996.htm　2020 年 5 月 3 日閲覧.

（三田部　勇）

Q 29　幼稚園における教育実習の実際について述べなさい

　幼稚園での教育実習はその目的のもと，幼児や教師との関わりを通して展開されていきます。そこでは多様な感情を持ったりこれまでに考えたことのないことを考えたりする機会がたくさんあります。このことから教育実習は，実習生にとって，人との関わりの中で心と頭を成長させる場ともいえます。

1.　幼稚園における教育実習の全体的枠組み

（1）幼稚園における教育実習の目的と目標

　幼稚園における教育実習の目的は，幼稚園での実際の職務にあたりながら幼稚園教諭としての専門性を身に付けることです。これを踏まえ，教育実習の目標には，1）幼稚園の1日の流れを知り，幼児の安全で安定的な園生活を保障すること，2）幼児期に育てたい資質・能力に基づいて幼児を理解したり関わったりすること，3）指導計画に基づく実践とその実践内容の評価及びこれに基づく改善という一連の循環的プロセスに取り組むこと，4）出勤から退勤までの幼稚園教諭の職務全体を把握しそれに当たること，5）平成29年度版幼稚園教育要領の「幼稚園教育の基本」を踏まえ，幼稚園教諭の役割を理解して自律的に行動することなどがあります。

（2）幼稚園における教育実習の日程と具体的内容

　大学や幼稚園によって様々ですが，教育実習の日程はおおむね次のように進んでいきます。まず，教育実習が始まる1カ月ほど前までに事前指導やオリエンテーションが行われます。大学の実習担当教員や実習園の幼稚園教諭などから，教育実習の目標や内容，具体的な日程，教育実習のために準備する物や，配属された幼稚園の全体的な計画（教育課程や指導計画など）やルール（園庭や遊戯室の使い方など）についての説明などがあります。

　教育実習初日は，幼稚園の1日の流れを把握したり，配属クラスの幼児へ朝の会などで自己紹介をしたりします。実習生は幼児たちに自分の名前を言うだけでなく，自分を紹介する手作り紙芝居を作成して演じたり，自分に関

する簡単なクイズを出したりなどして，「楽しい先生が来てくれた」と幼児たちに喜んでもらえるような自己紹介をします。その他，園の方針や実習の心構えなどについて，幼稚園長の講話がある場合もあります。

　教育実習の2日目以降は，幼児が登園する前に指導教員からその日の保育についての説明を受け，それを踏まえて保育に参加します。例えば，指導教員から，最近クラスの幼児たちはオタマジャクシを捕まえることに夢中なので，網や飼育ケースをすぐに取り出せるようにしておこうと考えていることや，幼児のオタマジャクシへの興味がさらに高まるように絵本を用意したり，オタマジャクシが何を食べるのか，どうやって飼育すればいいのかと幼児に尋ねる質問を意図的に行おうと考えている，といった説明があるなどです。こうした説明を踏まえて，実習生はクラスや園庭などの環境を構成したり，幼児が安全に遊べるよう遊具・用具などを整えたりします。

　幼児が登園してきたら，元気そうか，変わったところはないかなど幼児の表情や全身の様子について健康観察を行い，出欠の確認を行います。その後，幼児たちと遊びながら，指導教員から受けたその日の保育の説明に基づく指導・援助を行ったり，実習前の事前指導やオリエンテーションで説明を受けた，園の全体的な計画（教育課程や指導計画など）に基づいて，自分なりに幼児の遊びや生活へ指導・援助を行ったりします。

　幼児の降園後は，指導教員と共にその日の保育についてカンファレンスを行い，その日のねらいに関する幼児の言動を共有したり，実習生の指導・援助について振り返ったりします。その後，実習生は実習日誌を作成することを通して，その日の自身の保育を省察したり，資質・能力の観点から幼児の発達の理解を深めたりして，翌日の指導計画の作成と教材研究及び準備を行います。トイレや保育室の清掃に加え，例えば運動会のための飾り作りなど，クラスの環境整備や行事のための製作を行うこともあります。

　教育実習の最終週には，実習生の多くが公開保育を行います。公開保育では，その園の園長，副園長，全担任教諭など，さらに同時期に実習生がいる場合はその全実習生を対象に，実習生が自らの教育実践を公開します。公開保育に臨む場合は，数日前から指導教員に指導・助言をもらいながら指導計

画を作成し，当日はそれを参観者に配布・共有して，実践後は全参観者と実践について協議します。この協議では，公開者である実習生の自評，参観者からの実習生への質問や意見，アドバイスなどがやりとりされます。

　そして，教育実習の最終日にはお別れ会を行います。お別れ会では実習生が幼児たち一人ひとりにカードを贈るなど，実習生から幼児や指導教員へ手作りのプレゼントをすることが多いようです。教育実習後は，大学，短大などで事後の教育実習指導が行われます。教育実習で学んだことをワークシートにまとめたり，その振り返りを他受講生と共有したりなどして教育実習での学びを深めたり広げたりします。また，「緊張で声が小さくなってしまう」「数名の幼児だけでなく，クラス全体を把握することが難しい」など教育実習中に見つかった自身の課題も明確にします。

２．幼稚園における実習生の体験の実際

　教育実習の進行において一人ひとりの実習生が何を感じ，何を考えるかは様々です。ここでは幼稚園における教育実習中に実習生が抱く感情と，実習生が働かせる認知・思考の実例を紹介します。（下線は実習生の感情・認知・思考が現れている箇所）

（１）実習生が抱く感情の例

　２年制短期大学に通う１年生の実習生Ａは，９月に行われた初めての教育実習で４歳児クラスに配属されました。教育実習が始まる数カ月前に大学の演習でパネルシアター（Ｐペーパーに描いて切り抜いた絵を，パネル布を貼ったボードなどに貼ったり外したりして展開する物語や歌遊びなどのこと）を作ったので，指導教員に相談し，降園前の15分ほどの時間をもらってクラスの幼児にそのパネルシアターを演じることにしました。クラスの４歳児たちは「面白い！」「もう一度見たい！」と喜んでくれて，<u>Ａはとても嬉しい気持ちになりました</u>。

　また，４年制大学の３年生の実習生Ｂは，公開保育で「トンボを作る」という製作活動を行いました。トンボの作り方をうまく幼児たちに説明できなかったことから繰り返して説明する時間が必要となり，その結果，製作活動

の時間が伸びて給食の時間が遅れてしまいました。Bはそのことを反省して落ち込んでいたところ，その日の実習日誌の指導教員の助言欄に，「トンボの製作では，幼児たちに笑顔で何度も丁寧に説明をしようとする姿勢が素晴らしかったです。私自身も幼児たちと一緒になって楽しくトンボの製作ができました。」とあり，Bはその優しい言葉に感動しました。

（2）実習生による認知・思考の例

　9月上旬から始まった教育実習が5日ほど過ぎたころ，4年制大学の2年生の実習生Cへ5歳児の女児が「折り紙をしよう」と言ってきました。Cは，女児が登園してすぐに自分のところに来たので，女児には何か作ろうとしているものがあるのだと考え，「折り紙で何を作る？」と尋ねました。すると女児は「めんこを作ろう」と言いました。Cは，『幼稚園教育要領』の5領域の中の領域「言葉」の「内容」である「自分なりの言葉で表現する」経験をCが持つチャンスだと判断し，そうなるように「作り方を知らないのだけど，どうすればいい？」と尋ねたところ，女児は「教えてあげるよ」と答えて丁寧に折り方を説明したことから，Cが判断した通り，領域「言葉」の「内容」を指導することへとつながりました。

　また，5月の3歳児クラスに配属された4年制大学の2年生の実習生Dは，幼稚園教育要領に「教師は，幼児と人やものとの関わりが重要であることを踏まえ，教材を工夫し，物的・空間的環境を構成しなければならない。」と記されていることを踏まえて，クラスの幼児たちがいま，親しみを持っているブロックの置き場所について考えることにしました。Dの考えは，「幼児たちが登園してくる前に，ブロックが入っている箱をいつもの棚から出して床の上に置いておき，さらに保育室内の棚やテーブルの位置を移動させて，ブロックのための活動スペースをこれまでより広く確保するという物的・空間的環境構成を行う」というものでした。指導教員の了解を得て環境構成を行った結果，その日，幼児たちはいつもよりも長い時間をかけてブロックに熱中し，高さや広さのあるダイナミックな作品を作っていました。

参考文献

文部科学省（2018）『幼稚園教育要領』フレーベル館.　　　　　　（若山育代）

Q 30 小学校における教育実習の実際について述べなさい

　小学校での教育実習では，大学で得た知識を生かしながら，数週の間生活と学びが切り離せない状況の中，学校現場のリアルで複雑な課題に向き合うことで，学びの支援者となるために必要な多くの事柄を体験的に学びます。

1. 教育実習の時期や期間，参加条件

　あなたの所属する教職課程では，小学校での教育実習は何年生で行うことになっていますか。4年制の大学では，3年生，あるいは4年生が多いでしょう。また，主として小学校教員を養成する課程か，中学校や高等学校の教員を養成する課程かによっても，その時期が異なってくるでしょう。

　教育実習の期間については，教育職員免許法施行規則に基づくと小学校での教育実習は3～4週間行う必要がありますが，4週間よりも長い場合もあります。また，取得しようとする免許が複数ある場合，他校種での教育実習に加えて小学校で2週間行うというパターンが多いでしょう。

　ちなみに，あなたの教職課程では無条件で教育実習に行くことができますか。多くは，教員免許取得に関わるいくつかの授業の単位を取得しておくことや，介護等体験が終了していることなどの条件が課されているのではないでしょうか。教育実習では実際に児童の学習の場で教師として働くことになるための最低限の意欲や能力を有していることが求められているといえます。

2. 実習前の準備

　多くの場合，教育実習開始前に実習校に伺い，打ち合わせ等を行います。教育実習の期間の大まかな流れや担当するクラスの情報等，説明してくださるはずです。この際に，教育実習に向けて不明な点や不安な点があれば質問できるようにもしておくとよいでしょう。また，学校からの指示で，教科書や教材を入手しておくよう言われることがあります。学校の教育目標等もよく理解した上で教育実習に臨めるよう心構えと準備をしておきましょう。

　実習校によっては，専用の宿泊施設がある場合があります。また，母校実習の場合は自宅（実家）からの通勤となることが多いでしょう。ただ，自分で実習中の宿泊場所を確保しなければならない場合もあります。その場合，当然費用がかかるので，金銭的な準備も必要になるかもしれません。実習中はよほどのことがない限りアルバイトはできないため，途中で生活費が底をつき，給食に頼って生活をするといった例もあります。お金の工面をしておくことも教育実習に集中するためには必要かもしれません。

3．教育実習の流れ

　教育実習開始時には，教職員や児童への実習生の紹介があるでしょう。多くの場合，自己紹介の機会も与えられます。どのような挨拶をするか考えておくとともに，自分自身を端的に表す一言を準備しておく事をお勧めします。また，何か特技があれば披露してもよいと言われることもあります。児童に親しみやすく，頼りがいのある先生だと思われるような自己紹介ができるとよいですね。逆に，できるだけ早く児童の顔と名前を覚えることも大切です。

　教育実習の流れとしては，観察，参加，（教壇）実習というのが標準的です。ただ，観察と参加が並行して行われる場合や，教壇実習がかなり早い段階から行われる場合もあります。異なる教職課程や大学から来た学生がいると，教育実習の期間が異なり，それに伴って流れが異なることもあります。

　最初の観察では，教師の授業の様子や，児童の学習時や普段の姿を観察します。また，この間の児童との関係作りも大事です。その後，授業に参加するようになり，教材教具の準備をしたり，教師の授業の補助に入ったり，机間指導に加わったりします。その上で，教壇実習，つまり実際に授業を行います。観察や参加の時期に児童一人ひとりのことをよく理解しておくことで指導案の具体を考える助けになっているはずです。例えば，児童はどのようなものに興味を持っていて，その興味と授業の導入部分とを絡めたりできないか，誰に指名すればどのような答えが返ってきそうか，具体的なイメージがわくようになっているはずです。実際に授業を計画する上では，附属学校などの場合，同じ教職課程に所属する学生同士で話し合いながら授業案をま

とめ，担当教師の指導を受けた上で行われる場合もあります。また，そういったやり方に限らず，自分以外に実習生がいる場合，その授業を観ることで学べることや気付くことも多いでしょう。特に，他の教職課程や大学の学生とともに教育実習を行う場合，受けてきた指導が異なるため，情報交換によって得られることも多いはずです。

　また，実習中は授業（学習指導）に関わること以外にも生活（生徒）指導の仕方や学校・学級経営，学級活動等の特別活動などについても学んでいきます。配属されたクラスの担任の先生の学級目標を尊重しつつ児童と関わり，経験を深めていくよう努めましょう。

　さらに，教育実習の後半では，教育実習の集大成として，直接の指導教員以外の先生方にも参観していただく中で授業を行う機会（研究授業，査定授業）が与えられることが多いです。この際，大学の教員も立ち会うこともあります。事後の反省会等で指導や助言を得られる機会となります。

　教育実習の最終日には，朝礼等で児童とのお別れの機会を与えてくださることが多いです。そのようなものがない場合も，教職員を含め挨拶をし，感謝の意を伝えるようにします。また，教育実習終了後にはお世話になった先生方や児童へ礼状を書くべきです。

４．その他の注意すべきこと

（１）トラブルのリスク

　個人情報の保護には細心の注意を払ってください。実習中に見聞きした児童等に関わる事柄を学校外で口にすることは厳に慎まなければなりません。当然SNS等への書き込みも許されません。実習中はSNSから距離を置くといった対処も必要でしょう。もちろん教育実習終了後も同様で，教育実習先で得た守秘の対象となる情報を外部に漏らしてはいけません。また，自身の個人情報についても配慮が必要です。児童や保護者に必要以上に自分の個人情報を提供することがトラブルの元になることも心にとめておいてください。

　また，ハラスメントの被害者，加害者にならないようにしなければなりません。実習校の教師から受けるハラスメントはもちろん，児童からの無自覚

なハラスメントもありえます。もしハラスメントを受けたと感じたら，校長等に相談するのもよいですが，大学側の教育実習担当者等に速やかに相談してください。一方で，実習生が児童へのハラスメントの加害者となることもあります。もちろん，意図的にハラスメント行為に及ぶのは論外ですが，何気ない行いがハラスメントと見なされることもあります。例えば，性の多様性に関する考え方等が急激に変化しています。世の中の動きや価値観の変化に無頓着でいると配慮を欠いた行動をとってしまい，トラブルを招くことがあります。なお，言うまでもないですが，体罰などもってのほかです。

（2）教育実習の負荷と自己管理

　体調管理に気を配り，欠席（欠勤）等がないように努めましょう。また，帰宅後の飲酒や気分転換のしすぎが次の日の教育実習に影響しないようにもしてください。教育実習も後半になると疲労も蓄積し，さらに授業の準備等で生活が不規則になり，体調を崩しやすくなるので気をつけてください。ただし，体調を崩してしまった場合は無理せずお休みを頂くことも必要です。児童の健康を守るためにも必要な判断ですが，何より児童も万全な体調でない先生と過ごすことは望んでいないでしょう。欠席（欠勤）した場合，それを補うように期間の延長等が行われるはずです。

　教育実習を経験した多くの学生が教育実習は大変だった，体力勝負だったといった感想を漏らします。教育実習を受け入れる側も，できるだけ充実した内容とすることで学生自身が教師としての資質に気付き，自己の能力の伸長に資するよう，厳しく指導したり，求めたりしています。一方，中には教育実習は教師としての仕事のやりがいや楽しみを経験する場だと考えていらっしゃる先生方もいらっしゃいます。いずれ現場に出れば苦しいことや辛いことが待ち構えているのだから，せめて学生のうちは児童と触れ合い，その成長を見守り支えることの充実感をできるだけ多く感じて欲しいと，過度な負担がかからないように配慮してくださる学校もあります。いずれにしろ，教育実習を受け入れてくださった先生方は，実習生のためを思い，心を尽くしてくださっていることを忘れてはなりません。

（藤木大介）

Q 31 中学校・高等学校における教育実習の実際について述べなさい

　小学校は基本的に担任がすべての教科を担当するのに対し，中学校・高等学校においては教科担任制により，その教科の専門性が求められることが大きな特徴といえます。ここでは，中学校と高等学校の教育実習におけるそれぞれの特徴や共通点について解説していきたいと思います。

1．中学校・高等学校の教育実習の特徴

（1）中学校・高等学校の教育実習の共通点

　中学校と高等学校では，教科担任制となるので，教育実習を行う際には，教科担当の教員が指導教員となります。また，実習生は，ある学年・学級に配属となるので，学級担任がもう一人の指導教員となります。そして，教育実習手帳（ノート）等に所見を書いたり押印したりする指導教員は，教科担当の教員になることが多いです。教科担当と学級担任が同じという場合は，指導の窓口が一本化されますが，別々の場合は，それぞれの指導教員に指導を頂く事になるので，その連絡調整をしておくことが肝要です。加えて，課外活動である部活動の指導にも携わる場合には，部活動顧問の指導を仰ぐことにもなります。教科部会や学年会，課外活動は別々のスケジュールで進行していきますので，自分がどこで，何を行い，誰の指導を仰ぐのかをしっかりと確認しておく必要があります。

　授業は，基本的に教科担任制で行われるので，その教科の専門性が求められます。また，学校規模や担当授業数にもよりますが，複数クラスの学年であれば，一つの学習指導案に沿って，別のクラスでも授業を行う事になります。教育実習で授業を行う際に，入念に準備して学習指導案を作成し授業に臨んでも，自分の計画通りに授業が流れない場合も考えらます。しかし，次のクラスで同じ指導案に沿って授業を行う際には，発問の内容やタイミングを変えてみたり，教える内容と考えさせる内容との時間の比率を変えたりす

るなど，修正を図ることが可能になってきます。もちろん，教師側から見たら同じ内容の授業が複数回あっても，子供側から見たら一度きりの授業ですので，授業毎に，精一杯に注力する事は大前提ですが，小学校の全科制と違った利点でもあるといえるでしょう。

（2）中学校・高等学校の教育実習の相違点

　中学校は，義務教育なので，学力的には，様々な個人差のある子供が1つの学級に混在しています。小学校段階で，既に学習への遅れが見られるような子供もおり，全体に提示した課題に沿って授業を展開しながらも，そういった子供への個別の指導の計画や手だてを講じることが必要となってきます。反対に，理解が早い子供が手持ち無沙汰にならないように発展的な課題を用意するなど，学級の実際に合わせた指導が必要となってきます。また，発達の段階を踏まえると中学生期は思春期にあたり，心の面での不安定さが学習面にも大きく影響するような時期でもあるといえます。特に，中学校1年生と中学校3年生とでは，心の発達に大きな違いが見られます。これらを踏まえて，子供の実態を捉えながら，学習へ主体的に取り組むことができるような言葉がけや，導入の仕方を工夫することが必要です。

　高等学校では，一般的には学力考査を経て入学しており，生徒の将来の進路選択などの必要性や，興味・関心あるいは能力などに応じるため，科目の一部を選択しながら，専門的に掘り下げて学んでいきます。また，大学受験を視野に入れた一方向の知識習得型の授業の反省から，「主体的・対話的で深い学び」の実現にむけた授業改善が求められています。単元や1単位時間のまとまりの中で，自分の考えを持つ場面やペア，グループ等で話し合う場面等をどこで設定するのか，授業の構成をよく考えながら，学習指導案を作成する必要があるでしょう。さらに，高等学校は「普通科」「専門学科」「総合学科」の3種類の学科に分かれています。特に「専門学科」においては，すぐに職業に直結するような様々なコースが設置されており，実習や演習が中心の指導内容となることから，安全の確保が重要事項として挙げられます。心の面でも，高校生は主に自分の進路選択に関わって，中学生とは質の違った心の悩みを抱える時期でもあります。同じ道を辿ってきた者として，共感的な

理解を心がけ，主体的な学習活動への取り組みを促していきましょう。

２．中学校・高等学校の教育実習の実際

（１）教育実習にむけての事前準備

　教育実習開始前には，実習校においてオリエンテーションが行われるのが一般的です。そこでは，教育実習全体を担当している教員から，教育実習のスケジュール，実習中の留意事項，学校の教育課程，子供の実態等についての説明があります。また，全体説明の終了後に，指導教員との顔合わせや，教科書の貸与とともに授業担当箇所の確認等が行われます。それらの内容をもとに，教育実習初日までに，教職員や生徒への挨拶の言葉を考える，授業の教材研究を行う，配属学級の子供の実態を把握するといった，様々な準備を行っておくことが肝要です。教育実習期間は，事前のオリエンテーションから始まっているという意識で取り組みましょう。

（２）教育実習の実際

　教育実習の大きな柱は，教科指導と生徒理解の二つだと捉えることができます。

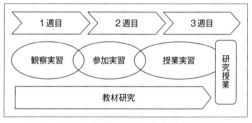

図3-31-1　授業実習に関するイメージ

　１）教科指導について
図3-31-1は，３週間の教育実習における，授業に関する主なスケジュールのイメージを表しています。主に１週目が指導教員や同じ教科の教員の授業を参観する観察実習，２週目が指導教員の授業に参加する参加実習，３週目が自分だけで行う授業実習中心となります。これは，おおまかな流れですので，学校の実態や指導教員の考え方により，時間の配分等は異なります。１週目からすぐに授業に参加しながら，実習を行うことも考えられます。

　観察実習では，ただ授業を観て記録をとるのではなく，観察の視点を①授業展開（授業の流れ，時間配分等）②授業技術（発問，板書，個人差対応，教材・教具の活用等）③子供の様子（参加態度，学習意欲，学習理解度等）

の3点に絞って見学する必要があります。徐々に実習生が授業を任されるようになると，実習生同士の授業観察も行う事になるので，実習期間は常に観る視点を絞って観察して自分の授業づくりに生かしましょう。

　参加実習では，指導教員の指導の下，授業の一部を任されたり，TTで授業に入り個別指導をしたりといった活動を行います。ここでは，観察実習とは違って，直接子供に指導するわけですから，子供の理解度や躓きを間近に把握することができます。また，子供との距離感を学ぶ機会ともなります。

　授業実習では，自分で作成した単元計画・学習指導案に基づいて一人で授業を展開することになります。1単位時間の授業を行うまでに，教材研究をどれだけ行ったかが授業の成否に関わり，それは，子供の授業への参加意欲や理解度にも大きく影響を及ぼします。授業中は，課題提示や発問に対する子供の反応をみながらの授業展開が必要になるので，教材研究の中で子供の姿をどれだけ具体的にイメージできるかが重要になってきます。

　2）生徒理解について　教育実習では，教科指導が中心となりがちですが，その前段階として，その学級がどのような集団であるか把握し，子供とコミュニケーションをとり生徒理解を図ることがとても重要になってきます。特に中学校・高等学校においては，配属になった学級の子供と，自分の教科の授業以外で顔を合わせることが少ないです。休み時間，掃除・給食の時間，朝の会（SHR），学級活動（LHR），総合的な学習（探求）の時間等で，自分から積極的に関わることが大切です。子供は，授業以外でも様々な場面で違った表情を見せます。ともすると，実習生は教材研究に気をとられ，控え室に籠もりがちになってしまう姿も見られますが，授業以外でも声をかけ，生徒理解に努めましょう。積極的に関わり子供への理解が深まることは，教科指導へも必ずよい影響を及ぼすことにつながります。

引用・参考文献

永添祥多・田代武博・岡野亜希子（2017）『高等学校教育実習ハンドブック』風間書房.

小林隆・森田真樹編著（2018）『新しい教職教育講座 教職教育編⑬　教育実習・学校体験活動』ミネルヴァ書房.　　　　　　　　（三田部　勇）

Q 32　特別支援学校における教育実習の実際について述べなさい

　特別支援学校での教育実習は，基本的には幼稚園・小・中・高等学校での教育実習と変わりません。現場の教員から指導を受けながら，子供と関わる経験を積み，将来教員になるうえでの自身の課題を自覚することが求められます。しかし，特別支援学校には，様々な障害のある子供たちが在籍しているため，一人ひとりの子供の実態に応じた教育課程・教育内容のもと，指導・支援の実際を学ぶという特徴があります。

1．特別支援学校での教育実習の目的と意義

　特別支援学校は，視覚障害，聴覚障害，知的障害，肢体不自由，病弱の5つの障害のある子供を主に教育の対象としています。教育実習は通常2週間から4週間の間で，自分が取得したい特別支援学校教員免状の領域に対応した特別支援学校で行います。教職を希望する皆さんにとって，教育実習はこれまで学んできた理論を実践し検証する場です。言ってみれば，理論と実践の往還を通して教育実践力を身に付けることに教育実習の大きな目的があります。スモールステップで基本的生活習慣を教える，情報機器を活用してコミュニケーション支援を行うなど，現場で学びたい，実践してみたいことは様々あることでしょう。しかし実際には，多くの実習生が実習中に「子供との関わり」について困ったと感じる（池田ら，2013）ようです。始めは子供との関わりの経験が少ないだけに，うまく関われるようになることに心が奪われるかもしれません。ですが，単に関わりの技術を高めればよいわけではありません。最も大切なのは，子供といっても一人の人として理解しようとすることです。一人ひとりの子供がどんな思いで毎日を過ごしているか，何を伝えようとしているのか，そのことをわかりたいと思う気持ちを持って関わることができるかどうか。「子供理解」に近づくために，様々な葛藤を経験すること自体大きな意味があります。

2．教育実習中：授業づくり・学級経営の実際を学ぶ

（1）教育実習は事前のリサーチから始まる

　実習校が決まると，実習校で事前指導を受けます。事前指導では，教育実習担当の教師から，教育実習のスケジュールや内容，実習中の留意事項，学校の教育課程や子供の状況などについて説明が行われます。特別支援学校と一言でいっても，子供の障害種別や障害の程度，学校が設置された経緯に応じた教育課程の編成など，学校の特徴は様々です。普通教育課程と変わらない内容で学んでいる子供たちもいれば，教育課程のほとんどが「自立活動」である子供もいます。実習校の特徴や担当する子供の状況について，事前指導の際に得た情報をもとに理解を深めておくことが重要です。また，配属クラスの教師との打ち合わせでは，実習初日までに準備しておくこと（職員室や配属クラスでの挨拶，実地授業の構想など）についてよく確認し，実習に臨むことが求められるでしょう。

（2）教育実習中：授業づくり・学級経営の実際を学ぶ

　表3-32-1は，ある教育実習生の2週間の教育実習プログラムの例です。この実習生は，知的障害のある児童6名が在籍する小学部2・3年生合同の学級に配属されました。第1週目は，学校や子供たちを知るための機会として，管理職や各校務分掌の担当の教師による指導講話や，指導教員の授業を参観する時間がありました。そして，何度かの実地授業を経験した後，第2週目の実習後半には研究授業を行いました。

　1）授業づくり　多くの実習生にとって，研究授業の実施は，教育実習で最もプレッシャーのかかることの1つです。学習指導案の作成にあたっては，個別の指導計画の閲覧や，指導教員の授業参観のほか，日々の子供との関わりを通し，できる限り担当する子供の実態を把握することが重要です。授業を通し，子供の今持っている力を十分使う機会をどのように用意していくか……難しくもありますが，楽しく創造的な作業です。また，授業づくりは一人で行うものではありません。特別支援学校では，複数の教師によるチームティーチングで授業を展開することが多いため，学習指導案をもとに

個々の子供の目標や支援方法，配慮する点，授業での教師の役割分担などについて事前に打ち合わせておくことが大切です。指導案を作成し，授業で実践し，振り返り（省察し），次の授業実践につなげる一連の過程を経験することは，チームで授業をよりよいものにするプロセスを学ぶことでもあります。

表3-32-1　2週間の教育実習スケジュールの例

	1日目	2日目	3日目	…	8日目	9日目	10日目
主な予定	指導講話	授業参観 （〜5日目）	実地授業 （図工）	…	研究授業（音楽），他の実習生の授業見学，授業検討会	他の実習生の授業見学，授業検討会	遠足
1校時	日常生活の指導（朝の会）						
2校時	個別の学習			…	授業見学	授業見学	遠足
3校時	図工	自立活動	実地授業 （図工）	…	研究授業 （音楽）	授業見学	
4校時	日常生活の指導（給食の準備）						
給食・昼休み							
5校時	日常生活の指導（帰りの会）						
放課後	指導講話	授業準備 日誌記入	授業準備	…	授業検討会 日誌記入	授業検討会	

2）学級経営につながる個と集団の指導　特別支援学校は少人数の学級編成です。時には1クラスに，子供が1人ということもあります。通常学級に比べ，個別指導の授業形態は多いですが，集団指導や集団の中での個の指導について学ぶことも重要です。また，近年は知的障害がごく軽度あるいはグレーゾーンの子供たちが，特別支援学校（特に高等部）に在籍することが増えています。特別支援学校は，ある特定の障害の子供たちの集団ではなく，多様なニーズがある子供たちの集団であるという認識を持ち，学級経営の実際を学ぶ必要があります。

実習先の学校の状況によっても違いますが，実習期間中は，指導教員のスーパーバイズのもと，子供の登校から下校まで様々な場面で子供の指導・支援にあたります。例えば，前述したある実習生の配属クラスでは，朝の会は「日常生活の指導」として行われていました（表3-32-1参照）。健康状態

の確認やその日の予定を確認することのほか，クラスのお決まりのお楽しみ活動（身体表現）を行うことで，子供の活動意欲を高めることや，1日の見通しが持てるように工夫されていました。日常のルーティーンを繰り返す中で子供の成長の基盤をつくる活動や環境設定，そこでの教師の関わりなど，教師らが意図した多くのしかけが日々の学校生活には散りばめられています。実習生として，まずは一人ひとりの子供をよく知るために子供と関わり合うことが大切ですが，少し視点を変えて，子供と周囲の環境（教員と子供の関係，子供同士の関係なども含めて）との間で何が起きているかを見る視点も大切になります。

3．教育実習を通しての学び

教育実習最大の学びは「子供との関わり」にあると，これまでも多くの学生が報告しています。学生の中には，言葉でのやりとりが難しい子供たちを前に，「（感情や言語を）読み取ろうとするとコミュニケーションが図れる」のように手ごたえを感じたり，小学校実習の経験と比べ「（自分が）主体となって（子供に）関われた」（河口ら，2018）と振り返る学生もいます。様々な子供たちと関わることで，教員を目指す自分自身の手持ちの力が豊かになることを，学生たちは実感しています。

引用・参考文献

池田浩明・小川透・武石詔吾（2013）「特別支援学校の教育実習における学生の意識について（2）－期待・不安及び意見・要望に関するアンケート調査から」『藤女子大学人間生活学部紀要』50, pp.95-102.

河口麻希・田村知津子・名島潤慈・佐藤真澄（2018）「特別支援学校（知・肢・病）教育実習に関する実習生の意識調査－特別支援学校教育実習初年度の学生を対象に」『山口学芸研究』9, pp.17-26.

（立田瑞穂）

第 4 章

「学生」から「教師」への
視点の転換をもたらす
教育実習の実際

Q 33　教育実習の１日のスケジュール例について述べなさい

　学校種別によっても大きく異なりますが，教育実習における１日のスケジュールについて説明したいと思います。大きく，出勤から授業開始までの朝の時間帯，午前中の授業終了後の昼の時間帯，午後の授業終了後から退勤までの時間帯に分けて説明していきます。

1．出勤から授業の開始まで

　朝は決められた出勤時刻までに出勤します。教育実習といっても，ほかの先生方の勤務と同様に考えます。遅刻など絶対にないよう出勤します。授業準備などの関係で指導教員の先生よりも早く出勤したい場合は，必ず前日までに一言断りを入れておきましょう。出勤したら出勤簿に押印するなど，決められた方法で出勤の確認を行います。それらが終わったら，その日の授業に必要な準備をします。時間になると，多くの学校では職員朝会が行われます。様々な連絡が行われますので，必要なことはメモを取りましょう。わからないことなどがあれば，指導教員の先生に必ず伺い，勝手に判断することがないようにします。職員朝会後は担当の学級に向かいます。決められた時間に朝の学級活動を行います。各学級で進め方が決まっていることと思いますので，それに従って進めます。出席確認は子供たちの顔を見て，健康観察とともに，確実に行いましょう。朝の学級活動が終わればいよいよ授業です。前日までに準備してきた指導案，教材などをもとに，精一杯授業をしましょう。また，授業終了後には，指導教員の先生の都合を聞き，必ず授業反省会を行います。授業が入っていない空き時間がある場合には，授業準備，教材研究はもとより，他の先生の授業を見学に行く，実習日誌を書くなど，空き時間を単なる休み時間とせず，有意義な時間としてください。

2．午前中の授業終了から給食指導・昼休み

　午前中の授業が終わると，子供たちは昼食時間となります。多くの小中学校は給食ですので，担当学級で給食指導を行います。決められた手順に従い，衛生管理等にも十分留意してください。また，高等学校はお弁当が多いかと思いますので状況に応じて教室で一緒に食べたりするなど対応します。昼食後の昼休みには，小学校の場合は各種清掃活動が行われることが多いですが，実習生として一緒に活動に取り組みます。残った休み時間は子供たちと一緒に遊んで交流したり，次の授業準備をしたりなど，有意義に活用しましょう。

3．午後の授業終了から放課後，退勤まで

　午前中同様，午後も授業を行うことになります。全ての授業終了後，小学校ではそのまま帰りの会が行われ，中学校や高等学校では終礼などの学級活動があります。進め方については，朝の学級活動同様に流れを確認し，それに沿って進めます。最後に実習生として一言話をするような場面がある場合には，担任の先生にも内容をよく相談しておいてから話をするとよいでしょう。中学校などで終礼後に清掃活動が行われる場合にも，一緒に取り組みましょう。放課後には，翌日以降の授業のための指導案作成や検討，教材研究を行います。日中にできなかった授業反省会が行われることもあります。研究授業があれば授業の協議会も行われます。また，部活動などの指導補助を行う機会があるかもしれません。それらを希望する場合には，担当の先生に必ず事前に許可をいただき，実習生という立場をしっかりわきまえた上で参加します。なお，先生方は会議等に出席される場合があるので，その間の対応についても指示をいただくなど，事前に確認しておきます。翌日の授業準備が全て終わり，決められた退勤時刻以降になったら，指導教員の先生に必ず一言挨拶をしてから退勤するようにします。

　実習校それぞれのやり方があるので，勝手に判断せず，"ホウレンソウカク（報告・連絡・相談・確認）"を行いましょう。

（関野智史）

Q 34 授業参観及び授業観察の視点と方法について述べなさい

　授業を参観できる機会は，教員になった後よりもむしろ教育実習の方が恵まれています。ただし，どのように観察するかによって得られる成果は大きく異なるため，その視点や方法について把握しておくことは重要です。

1．授業参観の心構え

　教育実習に限らず，授業を参観できる機会は実は当たり前ではありません。授業を参観されることに抵抗感を持つ教師は少なからずいますし，学校関係者でなければ学校が授業参観を受け入れることは，安全管理や個人情報保護の観点からデリケートな事柄になりつつあります。その点，教育実習では所定の手続きを踏んで事前にお願いしておけば，基本的に参観可能になるため積極的に行いましょう。特に様々な学年・学級の子供の実態や他教科の授業の様子に触れられることは貴重です。同時に，教師の指導技術も教師の数だけ多様なスタイルがあることに気付くでしょう。授業参観後には，授業者に謝意を表した上で時間の許す限り質問をぶつけてみるのもよいでしょう。

　このように，教育実習という時間的な制約がある中で，チャンスを最大限生かして自ら学ぶ姿勢が肝要です。

2．授業観察の視点

　授業に居合わせることがすなわち，授業観察を成立させることにはなりません。授業という営みが目の前で繰り広げられたとしても，それは参観者の認識の次元によって，なんとなく「見る」からじっくり「観る」まで幅があります。授業観察に際しては，表4-34-1のような視点を予め設け観察に取り組むことで，授業を分析的に捉えることができます。ただし，分析した要素は独立しているわけではないため，相互の関係性にも目を向けることができれば授業に対する認識をさらに深めることができます。

表4-34-1　授業観察の視点

対象	視点
子供・クラス	・笑顔や拍手，歓声はみられたか。 ・ペアまたはグループ学習ではどのような関わりがみられたか。 ・子供のつぶやきや発言，動作にはどのようなものがみられたか。
教師	・指示や説明，発問の仕方で工夫されている点は何か。 ・授業の約束ごとは何か。 ・どのような相互作用（声かけ）がみられたか。 ・どのように個別に対応しているか。 ・マネジメントはどのように工夫されていたか。 ・板書や掲示物にはどのような工夫がみられたか。
教材・教具	・本時の目標に迫るものであったか。 ・子供の興味・関心を喚起するものであったか。 ・学習機会が確保され，成功体験が得られるものだったか。 ・発達の段階に適したものだったか。 ・学習資料等はどのように工夫されていたか。

（筆者作成）

3．授業参観の方法

　授業参観中はノートを持って記録します。ただし，その場で全てを書き記す必要はなく，気付きや疑問を忘れないよう簡単にメモをとる程度に止め，目の前の貴重な実践をつぶさに観察することに注力しましょう。例えば，特定の子供を一時間中追ってみてみることは授業参観でしかできないことです。子供の学びをみとることの奥深さを知るきっかけになるかもしれません。

　また実際問題，参観者の立ち位置や動き方によっても見え方は異なります。授業参観はよく参観者が後ろに並んで行われますが，それでは教師の表情や黒板はよく見えても，子供の表情や言動は把握できません。自分が観たいものに応じて授業に支障のない範囲で行動するとよいでしょう。

参考文献

稲垣忠彦・佐藤学（2016）『子どもと教育－授業研究入門』岩波書店.

秋田喜代美・藤江康彦（2019）『これからの質的研究法 15の事例にみる学校教育実践研究』東京図書.

（大西祐司）

Q 35　教科指導における教材研究の重要性について述べなさい

　教科指導において，教材研究は，よい授業をしていく上でとても大切な営みです。ここでは，教材をどう授業の具体に位置づけていくか考えたり，授業で扱う教材を見つけたりすることを教材研究と捉え，教科全般において大切なことを中心に答えます。

1．教科書等を活用することと，授業を観て学ぶこと

　授業に先立って，教材研究は欠かすことができません。ここでは，教科全般にいえることに絞って，教材研究について述べていきたいと思います。教育実習中は，教壇に立つ経験は少ないものの，授業を観たり，授業準備をしたりする時間が多く，授業準備にかけられる時間は，十分あるという特徴があります。このような状況では，次の2点に留意するとよいでしょう。

　まずは，教科書等の教師用の資料を活用することがとても重要です。教科書等を重視すべきと考える理由は，以下の通りです。教科書というのは，その教科で第一線を行く方たちによって，編集されています。論文を書くための研究をする際に，先行研究にあたり，それらの内容を理解した上で，オリジナリティを出そうとするのと同じように，教育実習の時期は，まずは先人の知恵に学ぶ姿勢が大切です。それらの資料をもとに，教材の取り扱い方や，教科等の学習の進め方を身に付けられるよう努めましょう。

　しかし，そのように教材研究を進めて授業をしても，子供から思うような意見を得られなかったり，時間が足りなくなったりと，作成した指導案通りにいかないということも多々あります。そのときに，次の点に留意することが大切になります。それは，授業を観て学ぶということです。学校で授業をされている先生方は，長年の経験から，先述のようなことに対応するために日々，指導技術を磨いています。それらの技術を，実際の授業の中から見つけたり，時には，その先生に聞いたりすることで，自分の授業をするための

技術として身に付けていくことも，大切なことになります。

２．教科書等を活用するために

　ここまでは，教材研究における，教科書等の活用や授業を観ることの必要性について述べてきました。では，次に，教科書の活用に焦点化して，授業に資する教材研究につなげるための留意点について述べていきます。

　教科書等を見ると，既に教材や指導案，授業の流れといった，授業に必要な情報が記されています。それらを読む際には，実際の授業をイメージしながら読むことが大切です。では，「実際の授業をイメージしながら読む」とはどのようなことなのでしょうか。それは，教科書等を用いた教材研究の際に，「指導案等に書いてはいないが，授業において必要なことを見つけながら読む」こと，と言い換えることができるでしょう。教育実習中は，教壇に立つ経験が少なく，なかなか多くに気付くことは難しいとは思いますが，年数を重ねるごとに，多くのことに気付きながら，指導案を読むことができるようになります。例えば，次のようなことに気を付けながら読むとよいでしょう。

　①その教材を用いた授業で，本時の目標につながる大事な場面はどこか。

　②授業の大事な場面で，目の前の子供たちにどう発問するか。

　③その問いかけによって，子供たちはどのような反応を示すか。

　④黒板にどう板書をしていくか（板書の例を示している場合もあるが，実際の板書と乖離があることもある）。

　⑤どの場面で，子供たちの発言を促すか。もしくは場合によっては，グループでの話し合いをさせるか。

　⑥子供のどのような姿が見られれば，その時間に身に付けたい資質・能力が身に付いたといえるのか。

　⑦そのような子供の姿を，どのような媒体（ノート等）で評価するか。

　教材研究の中で，指導案等にこれらの情報が書いてあれば，実際に自分が受け持っている子供たちの実態と比較しながら読み，必要であれば，改善策を考えます。このようなことに留意した教材研究は，実際の授業に即した授業準備に資するものとなるでしょう。

（志田正訓）

Q 36 授業計画・学習指導案の作成のポイントについて説明しなさい

　授業計画や学習指導案（以下，指導案）の作成。教師であれば，これらに時間をかけ，自身の教材解釈の能力や，授業を構成する能力を高めていきたいものです。ではそのために，どのようなポイントがあるのでしょうか。ここでは，授業に関する力量形成に資する指導案作成のポイントについて答えていきます。

1．日々の授業における指導案の作成

　教師の毎日の勤務時間の中で，一番長いのは，授業をしている時間です。従って，その時間の使い方を単元レベルで考えることや，1時間1時間の授業をどう進めていくか，そして，それらの情報を記した指導案を作成することは授業準備をするうえで，とても大切なものになります。

　学生のみなさんは，教育実習時までに，教壇に立った経験はほとんどないでしょう。経験がないからこそ，しっかりと計画を立てて，授業に臨むことが重要です。もちろん，しっかりと計画を立てて授業に臨んでも，授業がうまくいったと感じることの方が少ないでしょう。そうなると，指導案の作成を含めた授業準備を入念に行うことはもちろんのこと，授業後に，うまくいかなかったのであれば，どの点を改善すればよいのかという視点を，授業計画や指導案の作成に臨む段階で持っておくことが重要となります。では，このような視点を持ったうえで，実際に，指導案を作成するときのポイントについて述べていきましょう。

（1）実際の授業場面をイメージした指導案の作成

　指導案を作成するときには，実際の授業をイメージすることが大切です。実際の授業をイメージするというのは，教師がどう問いかけるか，そして，それに対して，子供はどのような反応を示すのかといったことなどを想定しながら作成することです。予想される子供の反応を指導案に記載しておくの

もよいでしょう。このようなことに気を付けながら指導案を作成し，授業を行い，授業後に再度指導案を読み返すことで，指導案と実際の授業のズレに気付くことができます。これを繰り返すことが，子供の反応を的確に予想できたり，臨機応変に授業のタイムマネジメントを行えたりといったことにつながっていきます。

（2）指導案の様式について

指導案は，その様式がたくさんあります。一例として，図4-36-1のような指導案の様式もあります。ただし，これは，記載される情報が少ない指導案の様

図4-36-1 指導案の様式の例

式になります。教育実習中においては，教壇に立ったことのある経験が少ないために，入念な準備をするという意味で，上の様式中に記載する情報以外にも，その授業における教材観，児童・生徒観，指導観を記したり，授業時間の1時間分の教師が実際に発言することや，子供の発言を想定して作成した授業の台本のようなもの（地域によっては「細案」と呼ぶところもあるようです）を作成したりする場合もあるでしょう。このような，教育実習における指導案の様式は，その実習校の様式に沿って作成することとなります。

2．指導案の作成は目的ではない

このように，指導案の様式は，様々ありますが，指導案の作成そのものが目的とならないように気を付けましょう。教育実習生にとって，指導案の作成は，とても時間がかかりますし，大変なことです。作成し終えると，とても充実した気分になることも多いでしょう。しかし，指導案は，子供たちによりよい授業が提供できるようになるために活用すべきものです。ですから，指導案を作成して，その指導案で授業をし，振り返りまでを含めて，指導案を活用することが大切です。実習中でも，実際に教師になっても，このような活動を継続することができれば，その指導案は，教師の授業に関する力量形成に役立つものとなるでしょう。

（志田正訓）

Q 37 授業実践の省察のポイントについて説明しなさい

　授業実践能力を高めるためには，授業経験を積むことも大切な要素ですが，単に実践した回数だけを多くこなせばよいのではなく，授業の質，中身がどうであったのかという振り返りが必要です。それを「省察」といいます。

1. 省察とは何か

　授業実践における省察とは，単なる授業を実施した反省にとどまらず，次の授業実践に向けて，新たな変化，向上を生じさせることを目的とした，意識的な振り返りの行為のことです。授業実践の課題点を明確にした上で，解決するための手立てを導き出すことが大切です。この行為により，授業の質，指導の質を上げることにつながります。

2. 省察するための手段・方法

（1）授業記録映像を用いた省察
　授業の省察を行う際に最も利用されるのは，授業を記録した映像です。映像は客観的に授業を確認することができ，また，気になる場面は繰り返して見直したりすることもできます。多くは教師の教授行動を撮影することが多いですが，子供の表情や活動する場面を撮影しておくと，課題に対する反応や理解の様子，活動に対してどのように従事したかを改めて確認することができ，授業改善に生かすことができます。

（2）形成的授業評価を用いた省察
　形成的授業評価とは，様々な教育活動の途中で，ねらいの達成状況および，その改善点を知る手がかりとして行われる評価活動です。具体的には，授業終了時にその授業の内容理解について子供にアンケート用紙を用いて問い，回答された数値や記述を元に授業の評価を行います。また，この授業評価を継続，比較することで，授業改善の状況を確認することができます。

3．省察をする上での着目点

（1）時間配分の実際

　一番取り組みやすいのが時間配分について省察することです。指導案で計画した時間設定，配分との違いを比較し，時間の長短が発生した理由を考えます。そこには，説明時間に関する配分の適切さ，説明の伝え方の善し悪し，子供たちが教材に取り組むことに必要な時間の見極めの相違などが見て取れます。また，よく「授業のマネジメント」などと言われますが，教材の提示などに時間がかかってしまった場合など，その部分を見直すだけで，授業の流れを大きく改善することになります。実習生の多くは，授業での学習指導場面と様々なマネジメント場面を改善することで，授業全体の質が上がってきます。指導教員の多くもまずはこの辺りを指摘することが多いでしょう。

（2）課題と教材について

　提示した課題，提供した教材が子供たちにとって，授業のねらいにとって適切であったかどうかの省察も必要です。授業で身に付けさせたい内容に沿った課題，また，それに導く教材であったかどうか，さらに，その課題の提示方法は適切であったかなど，自己の反省と指導教員のアドバイスをもとに省察してみることが大切です。やや広い視点では，課題や教材が単元の中で，系統的・発展的に位置づけられているかの振り返りも必要です。併せて，提示した課題が適切だったかどうかの手がかりが，授業中に子供たちから発せられた質問の中に見い出されることもあるので，質問された内容については必ずメモを取るなどして，授業後に見直せるようにしておくとよいでしょう。

4．おわりに

　省察を行う際に大切なのは，客観的な事実をもとに振り返ることです。また，省察の中で指摘したこと，確認したことについては，必ず次の授業で改善していこうという強い意識です。子供たちにとってはたった一度きりの授業です。実習生としてしっかり準備を行い，今持てる全力を出しましょう。

（関野智史）

Q 38 事前指導，実習中，事後指導における実習記録 の作成法，教科書の使い方について述べなさい

　教育実習では実習記録を作成します。ここでは，実習中や事前指導・事後指導において実習記録をどのように作成すればよいのか，また，教育実習における教科書の使い方について述べます。

1．実習記録を作成する意義

　教育実習において実習記録を作成する中で，教育実習での出来事を振り返り，学びを整理することができます。また，作成した実習記録を，実習中や事前指導・事後指導において活用することにも意義があります。事前指導や教育実習中に，学校の特色や子供の実態を記録することで，自らが学習指導案の作成を行う際の参考にすることができます。また，教育実習の事後指導において実習記録を活用することで，教育実習での学びを客観的に捉え，自己評価を行うことができます。

2．実習記録の作成法

　実習記録には，講義や授業観察の記録，所感や反省などを記入します。授業観察の記録を作成する際には，教師の発問や，子供の発言や行動を，順序立てて記録します。そうすることで，後から読み返した際に，授業の流れを思い出すことができます。子供個人の様子を記録する際には，授業での発言だけでなく，ノートに書かれた内容や授業中の態度，呟きなどにも着目することが大切です。グループや学級全体での活動の様子を記録する際には，意見交流の様子や発言者の偏りなどに着目しましょう。所感や反省を記録する際には，講義や授業観察の記録，学習指導案，授業の配布資料などを読み返して，1日の出来事を振り返ります。その際，気付きや疑問を文章にしてまとめることで，その後の学びにつなげることができます。実習記録を後から読み返してもわかりやすくするためには，工夫が必要です。例えば，吹き出

しや記号，下線を使用することや，キーワードを整理することで，重要な箇所を強調することができます。また，矢印を使用することや番号を振ることで，項目同士の関係を整理することができます。

　教育実習では毎日実習記録を作成することが求められるため，計画的に取り組むことが必要です。1日の終わりに，実習校で記録した内容を整理するとともに，所感や反省を記入しましょう。

　また，これら実習記録は教職実践演習において，履修カルテやポートフォリオとして活用し，4年間の学びの軌跡を確認することに活用できます。なお，履修カルテやポートフォリオは大学によって名称が異なり，紙媒体で作成する場合もあれば，電子媒体で作成するものもあります。

3．教育実習における教科書の使い方

　実習中や事前指導・事後指導において，疑問や課題を解決する際に，教科書を活用することができます。例えば，教師用指導書には，学習指導案の具体例が掲載されているため，授業のイメージを明確にする上で役立ちます。また，大学の講義で用いた教科書を読み直すことで，これまで学んできた理論を実践に生かすことができます。

　教育実習が始まるまでに，様々な準備を行う必要があります。しかし，教育実践の経験が少ない学生にとって，担当する学年の子供のイメージを持つことや，子供の実態に応じた指導を考えることは難しいでしょう。そこで，事前指導や教育実習初日までに，不安な点についてあらかじめ教科書で調べておくことで，疑問を明確にしたり，解決したりすることができます。

　実習中には，教科書を参考にして学習指導案を作成することで，授業づくりへの理解を深めることや，授業のアイデアを得ることができます。

　事後指導において教科書を使うことによって，教育実習での経験と理論を関連づけることができ，教育実習での学びをより客観的に捉えることができるようになります。また，理想の教師像を明確にしたり，自らの課題を解決したりするための手がかりを得ることができます。

（北山佳恵）

Q 39　子供との関係性において留意すべき内容について述べなさい

　教育実習では教師と子供としての関係性が求められます。そこでは，受け身ではなく積極的にいろいろな子供と関わることや教師として関わること，実習校の指導教員の思いや願いを踏まえて関わるといったことが大事になってきます。これらの点に焦点を当て，以下に示したいと思います。

1．子供との積極的な関わり

　学生の皆さんは教育実習において子供と良好な関係を築けるか不安に思っている人もいるかもしれません。しかし，子供の多くは実習生が学校に来ることを楽しみにしたり関心を持ったりしています。実習生は現場の教師よりも若く，その瑞々しく新鮮な雰囲気は子供に魅力的なものとして映り，実習中は，子供の方から実習生に声をかけてくることも多いでしょう。しかし，子供から声をかけられるのを待つのではなく，自分から声をかけてみてください。例えば挨拶をするとき，自分から先に挨拶をするように心がけましょう。休み時間などは授業中とは違った側面の子供の姿を知るよい機会ですから，可能であれば積極的にコミュニケーションをとってみましょう。コミュニケーションは一方的に話しかけるだけでなく，聞き役になることも大切です。子供の考えや言動を受け止め，引き出すということで，より深い理解や，新たな発見につながります。

2．様々な子供との関わり

　学校には様々な子供がいます。積極的に関われる子供もいれば，なかなか自分から話しかけられない子供もいます。教育実習のはじめのうちは特に，話しやすい子供との関わりを持ってしまいがちですが，その関わりに終始することなく意識的に広くクラス全体に目を向け，様々な子供と関わるようにしましょう。実習中の教壇実習では，子供の実態をもとに授業を行います。

クラスの子供たちの様子を理解することは，そうした授業づくりにも大きく影響を与える大切な要素なのです。

3. 教師という立場

　子供にとって，実習生は先生であり，遊んでくれるお兄さんお姉さんや，話しやすい先輩のような存在でもあります。この親しみやすさが，子供の理解におおいに役立つこともある一方で，友達のような関係になってしまうことがあります。年齢は近くともあくまで実習生の皆さんは教師であり，子供の友達ではありません。会話に夢中になって周囲への配慮を欠いてしまったり，子供から嫌われることを恐れて適切な指導を行えなかったりということはあってはならないのです。「自分は教師である」という自覚を持って，信頼される先生であろうとする気持ちで臨みましょう。また，子供の視点から一歩引いた場所から客観的に関係性を捉えるという視点を持つことも大切にしたいですね。

4. 実習校の指導教員の思いや願いに即した関わり

　実習生を受け入れる前から，配属先のクラスは担任によって学級の雰囲気作りがなされ，年間を通した指導計画のもとで学級経営が行われています。短い期間ではあっても，実習生の存在は子供たちやクラスの雰囲気に影響を与えます。指導教員の思いやねらいを理解し，そこにある学級風土を大切にしながら子供たちと関わるようにしましょう。そうすることで，学級のまとまりがよくなり，充実した指導にもつながるでしょう。

　質の高い教育は，教師と子供の信頼関係を基盤に成り立つものです。短い期間に十分な信頼関係を築くことは難しいかもしれません。だからこそ，実習生は子供との関わりを大切にし，信頼できる先生としてふるまうよう努めましょう。そのことは子供に伝わり，教育実習をより豊かな実りあるものにするでしょう。

（三島知剛）

Q 40　指導教員や他の教職員との関係性において留意すべき内容について述べなさい

　学校には指導教員はじめ，様々な教職員が勤務しています。実習生とはいえ，実習中はその学校に勤務する一教員に準じて扱われます。学校という組織の中の一員として，勤務する多くの教職員の方々とどのように関わるべきか以下に述べていきます。

1．教科の指導教員との関わり

　実習期間中，準備，実践ともに多くの時間を割くのが授業です。指導案の指導から，授業実践後の指導など，実習生が教科に関する指導教員と話す回数，時間は一番多いはずです。そのため，指導教員との関係性がうまくいかないと，実習期間が辛いものとなることは間違いありません。指導教員と関わる中で留意すべき点は，まず，授業準備や指導案の進行状況を適宜報告することです。教材研究の中で，一人ずっと悩んでいても，引き出しの少ない実習生では適切な指導法にたどり着けないことがあります。そこで，悩んでいることを指導教員へ素直に相談するなど，状況報告を行うことが重要です。安易に答えを求めるような意識ではいけませんが，指導教員の経験等から適切なアドバイスをもらえることは多くあるでしょう。それによって，次の教材や指導法に道筋が見えてくることもあります。一方，指導教員にも実習生指導の他，担任業務，校務分掌業務など様々な業務があり，定められた勤務時間もあります。指導案の進行状況をはじめ，様々な準備状況等について，様子を見ながら適宜相談，報告をすることが重要です。また，授業実践後には様々な指導を受けると思います。その際には，必ず謙虚に受け止めることが大切です。指導をいただく際には，その表現が若干厳しいものになることがあるかもしれません。しかし，それは大切な子供たちの授業を担当している指導教員の責任と考えてください。また，たとえ実習生が指導された内容と少し違う考えを持っていたとしても，それを直接反論のように伝える

のは得策ではありません。もし自分の考え方について伝えたい場合は，必ず言葉を選び，「自分はこう思ったのですが，それはどうでしょうか？」などのように，丁寧に聞く姿勢で行うとよいでしょう。きちんとした示し方であれば，指導教員も多くの場合，実習生指導は自身の学びと思っていますので，理解を示し，さらなるアドバイスをしてくれるでしょう。

２．学級担任の指導教員との関わり

　実習期間中，実習生は学級担任業務に関する実習もあります。小学校では指導教員と学級担任が同じである場合がほとんどでしょう。それぞれの学級では大切にしている指導方針があります。学級に関わる前に，必ず注意すべき点を聞いておきます。自分が学級指導の中で行ってみたいことなどがあれば，事前に担任の先生に相談し，許可を得た上で実施するようにしましょう。

３．他の教職員との関わり

　学校には管理職の先生方など多くの教職員がいます。時には，指導教員以外の先生が授業を見てアドバイスをしてくださることがあります。その際の留意点として，もし違った視点からの指摘をいただいた場合，指導責任者は自身の指導教員であることは忘れないようにしつつも，一つの参考意見として受け止め，次の授業に生かせる部分は生かしていくとよいでしょう。

４．おわりに

　原則として，実習校の教職員は，実習生が教員を目指すことを前提に，実習を受け入れ，指導に尽力しています。また，指導教員の先生は通常の各種業務に加えて実習生指導に携わっている，つまり，自身の勤務時間の一部を削って指導しているという事実をしっかり認識して実習に取り組むことが大切です。そのため，実習前の事前準備をしっかり行った上で実習に臨みましょう。実習生として，謙虚に学ばせていただいているのだという意識を忘れずに実習に取り組むようにしましょう。

（関野智史）

Q 41　学級経営・ホームルーム経営をする上で留意すべき内容について述べなさい

　学級経営・ホームルーム経営（以下，学級経営）は，学校での教育活動の基盤となるものです。ここでは，特に小学校での実践に基づいて，その留意点について①子供との関係，②問題への対応，③学級経営の能力を育成していくための教師の考え方，の3つの視座から答えたいと思います。

1．子供との関係について

　学級経営の基盤は，教師と子供の「よい」関係だと考えます。では，教師と子供との「よい」関係とはどのような関係なのでしょうか。一言で表現するなら，「お互いの信頼のもと，必要なことが伝え合える関係」と考えます。平成29年度版小学校学習指導要領解説特別活動編によれば，学級経営の充実を図るための方略の一つとして，小学校，中学校ともに，「児童生徒の自発的，自治的な活動」を中心として，いろいろな活動に取り組むよう示されています。これはつまり，教師からトップダウンで物事を進めていくのではなく，子供たち自らが企画をしたり，運営をしたりすることが求められていることを意味しています。しかし，子供ですから，そのような企画・運営の能力が備わっていない場合も多々あります。そのような時，教師が必要なことを子供たちに与えつつ，子供たちが自分たちで意見を出し合いながら，物事を進めていかなければなりません。そのためには，やはり，教師と子供の信頼関係が築き上げられており，伝え合うことがたやすくできる関係であることが重要です。

2．学級で起きる問題への対応について

　学級で起きる問題は，「学習面の問題」と「生活面の問題」に分けて整理することができます。本稿では特に，「生活面の問題」に着目して説明します。
　「生活面の問題」とは，どのような問題でしょうか。これは，けんかなど

の人間関係のトラブルが挙げられます。では，このような問題に素早く対処し，解決に導くための教師の能力の一端について，述べていきましょう。

　何より，問題に「気付く」力が必要です。そして，早く気付けば気付くほど，問題は対処しやすいです。問題に早く気付くためには，子供たち一人ひとりの変化に気付くという点が重要です。では，その変化に気付くためのアンテナの感度をどのように高めていけばよいのでしょうか。例えば，いつも一緒にいたグループの子供たちが，ある日，突然その構成が変われば，人間関係の変化に気付く一つのチャンスということができます。また，日々子供たちと日記による交流をしているようであれば，その記述の変化から，気付くことができます。このように，あらゆる機会で子供たちを気にかけ，その変化に気付き，何か変だと感じたなら，「大丈夫？」と声をかけてあげることで，問題に早く気付けるようになります。また，小学校に比べて中学校・高等学校では，自分の学級の子供と接する機会が少なくなります。そういった場合は，各教科担当，部活動顧問などから子供の様子を聞くなどして，担任の見えないところでの情報も収集することが大切です。教育実習では，そういった教員間の連携にも目を向けられるようにしましょう。なお，そもそも問題が発生しないように，人間関係のトラブルを防ぐという観点から，子供たちの人間関係の構築の能力をはじめとしたソーシャルスキルを高めるような積極的な生徒指導に関する取組も，学校現場では散見されます。

3．学級経営の能力を育成していくための教師の考え方を学ぶ

　ここまで，学級経営上の留意点について，子供との関係や，問題への対応を中心に述べてきましたが，これらの方法は唯一無二の方法ではありません。様々な方法があり，それぞれ一長一短があります。教育実習中においては，授業時間以外の教師の子供たちとの関わり方をよく観察したり，教師に聞いたりしながら，このような方法をたくさん蓄積しましょう。そして，可能であれば，蓄積したことを，実習先の子供との関わりで実践してみましょう。そうすることで，その方法が自分のものになり，自身の学級経営・ホームルーム経営の能力を育成することにつながるでしょう。　　　　（志田正訓）

Q 42　配慮を要する子供への対応の仕方について述べなさい

　配慮を要するといった場合，特別支援，生徒指導，学習の遅れといった様々なケースが考えられますが，どの場合でも共通して重要なのは，その子供たちの実態把握とそれに合わせた支援や指導，関わり方です。指導教員の指導を仰ぎながら，少しずつ対応の仕方について学んでいきましょう。

1．特別な支援を要する子供への対応

　文部科学省が2012年に実施した「通常の学級に在籍する発達障害の可能性のある特別な教育的支援を必要とする児童生徒に関する調査」では，約6.5％の割合で発達障害の可能性のある子供が通常の学級に在籍している可能性があることが示唆されています。また，2013年の学校教育法施行令の一部改正により，特別な支援を要する子供の就学の仕方について検討が加えられたことから，現在では，さらに多い割合で在籍していることが考えられます。まずは，教育実習で授業を行う前に，担任または教科の指導教員，特別支援コーディネーターの教員にその子供たちの実態についてよく聴取し，日頃の対応の仕方について把握しておきましょう。

　また，周囲の子供たちは日常的にその対象となる子供と接しており，実態をよく把握していることから，その支援を要する場面によって，どう対応したらよいかを子供たちに尋ねることも考えられます。そして，実習期間の中で実態が把握できてきたら，その子なりの伸びを捉え，行動を否定するのではなく肯定的に捉える姿勢で関わることが重要です。パニックを起こしたり，大声を出したりするような事があれば，授業や活動を中断し，学級担任または教科担任に指示を仰ぐか，支援・指導を任せることも必要です。実習生としては，担当教員がどのようにその子供に接しているかを学んでいくことに主眼を置くとよいでしょう。

110

２．生徒指導上配慮を要する子供への対応

　生徒指導といっても様々な内容がありますが，教育実習で困惑する場面としては，反抗的な態度をとり，課題に対して取り組まなかったり，授業を妨害するような私語を止めなかったりすることが想定されます。そういった子供たちの多くに共通しているのは，日常の生活に不満や不安を抱えていることです。ある場面では，毅然とした態度で接することも重要ですが，どの校種においても基本的には，共感的理解に努めることが重要です。実習生は，年齢が近く，教師と違う立場であるため，子供にとっては話しやすい存在です。あくまで，迎合することなく，思いや願いを聴く姿勢で関わっていきましょう。また，学級内での人間関係づくりに難があり，グループに入れなかったり，不登校気味であったりする子供がいることも想定できます。なかなかコミュニケーションをとるのが難しいことも考えられますが，毎日，一声かけながら粘り強く接することが重要です。これらの子供と接して得た情報，気付いた変化については，指導教員である学級担任や教科担任，生徒指導担当に伝えることも忘れずに行う必要があります。

３．学習指導において配慮を要する子供への対応

　学習理解が不足しており，進度についていけない子供については，指導案を構想する段階で，どのような手だてを講じるのかを準備しておく必要があります。授業は基本的に，共通課題で行うことが多いと思いますが，その課題解決に向けたヒントカードや要約した追加資料等を準備することで，授業の理解が促進されることが考えられます。また，ペアやグループを作り，すぐ聞ける，話し合える，教え合えるといった学習形態の工夫も必要です。

参考文献・URL

文部科学省（2012）「通常の学級に在籍する発達障害の可能性のある特別な教育的支援を必要とする児童生徒に関する調査結果について」https://www.mext.go.jp/a_menu/shotou/tokubetu/material/1328729.htm 2020年5月3日閲覧.
（三田部　勇）

Q 43　スクールコンプライアンスの重要性について述べなさい

　学校や教師は，保護者との強い信頼関係を構築することとともに，子供や保護者に対して，教育に関する法令を遵守し適切な教育や指導を行っていることを，明確に説明する社会的責任が求められています。

1．スクールコンプライアンスとは

　コンプライアンスは「法令遵守」と直訳されます。ただし，この言葉には，定められた法律や政令，規則などを遵守するだけではなく，社会のルールや倫理に適した行動をとること，あるいは社会に期待される行動をとることなどの，いわゆる「社会的責任」という意味が含まれています。現在，コンプライアンスという考え方は，学校現場にも浸透してきています。こうした学校が果たすべき社会的責任，つまり子供や学校・教育に関連する法令を遵守し，子供を適切に教育することをスクールコンプライアンスと呼びます。

2．スクールコンプライアンスが重要な背景

（1）子供の人権に対する意識の高まり

　これまでの学校現場では，教師は子供や保護者との強い信頼関係をベースに，教科指導や生徒指導を通して様々な教育を行ってきました。そのため，教師が子供の成長や発達を期待して行う指導は，多少行き過ぎた指導であっても"愛のある指導"として，保護者や社会に受け入れられてきました。しかし，1990年に国際連合による「子どもの権利に関する条約（子どもの権利条約）」が発効されて以降，社会全体の子供の人権に対する意識が少しずつ高まってきたことにより，学校現場で起こるいじめ・不登校・暴力行為への不適切な対応，行き過ぎた指導による体罰，授業の未履修問題などの様々な事案が問題視されるようになりました。

（2）教育に対する価値観の多様化

　また，高度情報化やグローバル化の進展による子供や保護者を取り巻く環境の変化によって，多様な価値観が認められる時代が到来しています。教育においても例外ではなく，教師と保護者が子供の教育方針について共通理解を図ることが難しくなっています。そのため近年では，例えば「いじめ防止対策推進法」が制定され，いじめ対応について学校や教師が取り組むべき最低限の義務が法令によって定められる事態となりました。

3．スクールコンプライアンスが教師や子供・保護者に与える影響

　このように，社会全体の子供に対する人権意識の高まりと価値観の多様化によって，スクールコンプライアンスがより一層問われるようになってきています。体罰や人権侵害，いじめ・不登校・校内暴力への不適切対応などコンプライアンス違反を犯した場合，処罰の対象となります。そのため，教師は義務違反がないよう十分に気を付けなければなりません。

　一方で，こうした動きは保護者や子供にとっても大きな影響を与えます。これまで，学校内で発生した子供によるいじめ，対教師暴力，犯罪行為などについては，当事者同士の話し合いによって学校内で解決すべきであるという見方が少なからず存在していました。しかし，スクールコンプライアンスという法的観点が導入されることで，当該行為を起こした子供に対して法的措置が取られることが可能となりました。

　以上のことから，教師，子供，保護者は，スクールコンプライアンスによって，これまで以上に自分自身の人権が守られるようになったと同時に，互いの人権を侵害しないようにすることが求められるようになりました。そのため，教師，子供，保護者は，これまで以上に「社会で認められない行為は，学校でも認められない」という認識を強く持つ必要があります。

参考文献
菱村幸彦（2017）『Q&Aスクール・コンプライアンス111選』ぎょうせい.

坂田仰（2015）「新時代の生徒指導−法の"越境"とどう向き合うか」坂田仰編著『生徒指導とスクール・コンプライアンス−法律・判例を理解し実践に活かす』学事出版, pp.23 - 37.　　　　　（山田洋平）

Q 44　体育や音楽，美術など実技を伴う実習の特徴について述べなさい

　教科や科目によって違いはありますが，特に実技を伴う教科・科目で教育実習を行う場合は，事前の準備が授業の成否を決めるといえます。また，怪我や事故が起こらないように安全に学習を進めることが肝要です。

1．実技を伴う実習における重要事項

　学校教育において，実技を伴う教科としては，小学校であれば体育科，図工科，音楽科，家庭科があります。中学校においては，保健体育科，音楽科，美術科，技術・家庭科があり，高等学校においてはこの他に，専門学科として，工業科，農業科，看護科等があります。これらの教科や科目で教育実習を行う際には，事前の教材研究の中で，実際に自分自身で実技を行い，シミュレーションをしておくことが必要です。また，授業時間の中で，40人のクラスの一人ひとりの実技レベルを掌握することは難しいので，ペアで見合う，グループで教え合うといった授業形態を想定しておくとよいでしょう。さらに，ペアやグループを対にしておくと，互いの進捗状況を発表し合ったり，フィードバックを行ったりする事に役立ちます。実習生の中には，自分で全てを教えようとして指導が空回りしてしまう場面も見られますので，子供同士が関わり合える場面の設定をどこにするのか，指導案を作成する段階から考えていきましょう。さらに，子供は，教師側が思いもよらないような行動をとる場合もありますので，様々な姿を予想しながら，事故や怪我の無いように事前準備や授業内での安全確保への言葉がけをすることに努めましょう。

2．実技を伴う主な教科・科目の実習について

　音楽科においては，教材研究において，授業時間に扱う教材（楽曲）を自分で演奏したり，説明したりすることができるようにしておくことが重要で

す。特に小学校の教育実習においては，音楽が専門という人ばかりではないと思いますので，練習が必要になってきます。どうしても難しい場合は，CDを効果的に使用したり，指導教員にピアノを演奏できる児童を教えてもらい演奏させたりすることで代替えすることも考えられます。また，オルガンやピアノのふたの部分で指を挟むといったような事故や，リコーダーを口で咥えながら歩いて怪我をすることが考えられますので，音楽室使用時のルールをよく確認し，子供たちに守ることを徹底させることが必要です。

　図工科，美術科，家庭科，技術・家庭科においては，扱う教材にもよりますが，実際に作品づくりや調理を行い，それを授業の中で見せることでゴールイメージを持たせることが重要です。自分で一度行う事で，子供たちが躓いたり，わかりにくかったりする部分はどこなのかを把握し，授業での言葉がけに生かすことができます。もちろん，これまでの作品を見せたり，ICTを活用し作品の映像を提示したりすることも方法の一つです。また，ミシンや包丁，彫刻刀，木工器具といったように，扱い方によっては大きな怪我や事故につながるので，用具の使い方のルールを徹底させることも重要です。

　体育科，保健体育科では，実習で行う単元によっては授業が天候に左右されることがあります。例えば，陸上競技の授業を行う際に，雨天となった場合には体育館で行えるのか，行うとしたら何を代替えとして指導するのか，または，まったく違う領域の体育理論や保健を行うのかといったように，副案を必ず考える必要があります。また，実技を実習生が自分で演示できるようにしておくとよいですが，子供たちの様子を観察し，実技の上手な子供を取り上げて師範させることも指導の方法の一つです。

　さらに，特に体育，保健体育科では，怪我や事故にならないよう安全に配慮して授業を行う事が最重要事項となります。事前に，子供たちが活動するグランドや体育館の場所，使用する用具や器具の安全確認をしっかり行うことが必要です。同様に，授業中にも，教員が健康観察を行うとともに，子供たちが相互に安全確保について声をかけ合えるような意識づけが重要です。

（三田部　勇）

第5章

教職実践演習の目的と意義

Q 45 教職課程における教職実践演習の目的と意義について論じなさい

　教職実践演習は，教育職員免許状を取得するための必修の科目です。また，他の教職課程の科目よりも比較的新しく設置されました。これまで教職課程の科目を履修してきた学生にとって，最後の集大成としての科目です。

1．教職課程の科目としての教職実践演習の新設

　2006年に中央教育審議会から「今後の教員養成・免許制度の在り方について（答申）」が出され，同答申の「1．教職課程の質的水準の向上」において，新たな必修科目として教職実践演習（2単位）を設定することが示されました。その後，教育職員免許法施行規則の一部が改正され，2010年度入学生から教職実践演習を含む新しい教育課程が開始されました。

　同答申では教職実践演習を，「教職課程の他の科目の履修や教職課程外での様々な活動を通じて学生が身に付けた資質能力が，教員として最小限必要な資質能力として有機的に統合され，形成されたかについて，課程認定大学が自らの養成する教員像や到達目標等に照らして最終的に確認するもの」と説明しています。さらに，「学生はこの科目の履修を通じて，将来，教員になる上で，自己にとって何が課題であるのかを自覚し，必要に応じて不足している知識や技能等を補い，その定着を図ることにより，教職生活をより円滑にスタートできるようになることが期待される」ことが明記されています。そのため，4年制大学では教育実習等が終了した4年次の後期に，この科目を履修するようにカリキュラムが編成されています。また上記答申の内容を踏まえると，教職実践演習は全ての教職課程の科目の中で「最後に履修する科目」として位置づけているため，他の全ての科目を履修した状態で，受講することが望まれます。この科目を受講する学生は，これまでの教職課程の科目の履修状況や理解度を「履修カルテ」に記入し，把握しておくことが求められます。何が現状の課題なのかを内省し，教員として最小限必要な

能力を定着させることが目的の一つです。

２．教職実践演習の内容

　教職実践演習は文部科学省によって科目のねらいが示されていますが，具体的な進め方については各大学の裁量で決定可能な部分が多いという特徴があります（木村 2019）。同答申では，この科目の必要な事項として，「１．使命感や責任感，教育的愛情等に関する事項」，「２．社会性や対人関係能力に関する事項」，「３．幼児児童生徒理解や学級経営等に関する事項」，「４．教科・保育内容等の指導力に関する事項」の４つを挙げています。また授業の方法として，講義以外にも，役割演技（ロールプレーイング）やグループ討論，模擬授業，学校や教育委員会の協力による現地調査（フィールドワーク）や事例研究などが例として挙げられています。さらに教職実践演習の特徴は，教科に関する科目の担当教員や，教職に関する科目の担当教員，教職経験者など複数人で実施されることです。つまりこの科目を受講することにより，これまで履修した内容を，複数の教員の指導により様々な方法で再度確認することができ，受講生の教員としての資質能力を保障することができます。

　実際の教育現場は，教室の内外問わず，生徒・保護者・教員間で様々な複雑な問題を抱えています。教職実践演習で，教科に関する科目や教職に関する科目などの内容を振り返り，それらの定着を図ることは，教育現場へ向かう準備段階において非常に意義がある活動と言えます。また，この科目で実施される役割演技や模擬授業などの活動においては，学生が実際の教育現場を想定しながら行動することが求められます。こうした活動では，担当教員からのアドバイスや履修者からフィードバックを得ることで，自身に今どのような課題があるのか，再度同様の場面に遭遇した場合にどのように行動すべきかを，考えることができるようになります。そして，教員免許状を取得して教育現場に立つまでに，自分が今後どのようなことに取り組むべきかを明確にすることができます。

参考文献

木村裕（2019）「教職入門から教職実践演習，そしてその先へ」木村裕ほか著『教師をめざす学びのハンドブック』かもがわ出版．（古賀竣也）

Q 46　現地調査の目的と意義について論じなさい

　教職実践演習における現地調査は，現地の本質を理解し，現地で共有される解釈の枠組みやルールを理解するという目的があります。また，現地における経験と省察を通じて教員としての資質能力や到達目標を多面的に確認できる意義を有します。

1．現地で共有される解釈の枠組みと教員としての資質能力

　現地について定型といったものは存在しないと考えられます。しかし，学校教育の目的に鑑み，教員は使命を自覚し高い識見や専門性が学校種を問わず求められているのも事実です。そのため，教員社会の中で共有されるべき解釈の枠組みあるいは教員文化や学校文化と呼ばれるものが実在します。つまり，教員としての資質能力を確認するためには，教員社会あるいは教員文化や学校文化がどのような性質を有し，共有すべき解釈の枠組みやルールは何であるのか，どうしてそのようなことが求められるのか当事者の立場を踏まえ理解しておくことが重要です。このことは，教員社会あるいは教員文化や学校文化への対応力や社会性を育み，当該社会や文化に集う一員としてどのように協調性や柔軟性を持って接するべきかを身に付けることに役立ちます。そのため，教員として備えるべき解釈の枠組みを共有し理解するためには，教員や学校に携わる様々な人々が集うことで構築された社会や文化の実際である現地に出向き調査活動や情報収集を実施することが必要といえます。

2．現地調査の捉え方と有効性

　教員として備えるべき解釈の枠組みを共有し理解を深めるためには，教職実践演習における現地調査（フィールドワーク，学校および関連施設等の現場訪問）（以下，現地調査）という定性的手法の捉え方と有効性を把握しておかねばなりません。現地調査は，現場主義とも呼ばれます。現地調査の具体として示されたフィールドワークは，現地を実際に訪れ，自分自身が実際

に現地に参加しながら観察を行う参与観察，関係者への聞き取りや調査，そして現地でしか学べない情報収集といった手法をとります。もう1つの具体として示された学校および関連施設等の現場訪問は，現地を実際に訪れ，その後一定の分析視点に基づき観察や聞き取りといった手法をとります。つまり，双方とも現地を実際に訪れることが共通しています。現地を実際に訪れることは，主体的に当該の社会や文化を構築する人々や事物と相互行為を行う活動です。当該の相互行為を省察することは，自分自身と当該の社会や文化を構築する人々や事物との結びつきを捉えなおし，当事者意識に基づき自分の解釈の枠組みを再構築することもできます。そのため，間接的な経験や受身的な情報の伝聞でなく，現地を根幹に位置づけ，現地調査を展開することは教員としての資質能力や到達目標を達成できているか確認し，不足している知識や技能等を補う上で有効といえます。

3．現地調査を介した経験の活用

　現地調査は，主体的に当該の社会や文化を構築する人々や事物と相互行為を行う活動であり，当事者は当該の経験を省察できます。現地調査は，特定の教育テーマに関する実践事例について，現地に出向き実地での調査活動や情報収集を行う経験ができます。ここでの経験は後に続く経験を導く契機となり，省察により経験は振り返られ，次の経験の基礎になります。すなわち，経験に基づく省察は，自己を対象化し，自らの暗黙の前提となっている見方や考え方の枠組みを吟味し，様々な状況や出来事の意味を探求することに活用できるのです。また，現地調査の際に利用した観察や調査記録，実践記録の中から経験を再度捉えなおし，経験を再構築することを通して知識を創造するという現地調査を介した経験の活用も有用といえます。

参考文献

David A. Kolb（1984）*Experiential Learning: Experience as the source of learning and development.* Englewood Cliffs, Prentice Hall, New Jersey.

ジョン・デューイ（市村尚久訳）（2004）『経験と教育』講談社.

（野中陽一朗）

Q 47 使命感や責任感，教育的愛情に関する事項を学ぶ意義について説明しなさい

　人格形成に関わるという教育に対する使命感や子供の心身の安全を守り発達を援助するという責任感，全ての子供の力を信じるという教育的愛情は，教育の根底を支えるものです。これらがあるからこそ，教育実践は子供中心になり，教師は子供から学び，ともに成長していくのです。

1．使命感や責任感，教育的愛情の内容

（1）人格の形成に関わるという教育に対する使命感

　学校教育において，子供は教科等に関する内容だけでなく，人としての生き方を学びます。すなわち教師には，子供の人格を形成し，人としての成長を促すという，子供のその後の長い人生に影響を与えるような大きな役割があるのです。それこそ，「先生のような大人になりたい」と思う子供もいるかもしれません。教科等に関する適切な指導はもとより，教育に対する使命感，つまり，子供の発達を支援することであり，同時に人格の形成に携わることでもある大切な使命を担っているという気概，を持つことが教師に求められます。

（2）身体と心の安全，未来の幸せを守るという責任感

　教師は子供が安全にそして安心して学校生活を送ることができるようにする責任があります。危険がないように，事故が起きないよう十分配慮して教育活動を考えなければなりません。身体面だけでなく心の安全も大切です。子供の心が満たされ，安心して学ぶことができる環境をつくる責任があります。さらに，子供は未来の社会をつくる存在です。担当する時点の先へと時代の変化を的確に見据えながら，子供一人ひとりの幸せとともに，未来の社会が価値ある平和な世界であるように教育を行うという責任感を持つことが教師に求められます。

（3）全ての子供に対する教育的愛情

　教師は全ての子供に公平に接しなくてはなりません。教師が期待通りの行

動をする子供や気に入った子供ばかりをかわいがったりする等，えこひいきしてはいけません。また，どんなときも教師は子供のありのままの姿を受け止め，気持ちに寄り添うようにして，全ての子供に安心感を与えるように努めましょう。子供は，自分は大切な存在であり受け入れられていると実感できれば，自ら育とうとする意欲を持つことができます。

　子供の自ら育つ力を信じ，子供の発達を長い目で見守る忍耐強さも必要です。教師が，自分はこれだけ頑張っているのに，子供が変わらないなどと思っているうちは，その教師の努力は実は子供のためになっていないのかもしれません。全ての子供の持つ力を信じ，子供が自ら育つ過程を見守り，最後まであきらめない愛，それが教育愛といえるでしょう。

２．使命感や責任感，教育的愛情の深まり～学び続ける教師

　子供が好きという気持ち，あるいは逆に子供の頃の教師への憧れが教師を目指すきっかけとなった方も多いことと思います。これまでの講義や教育実習等を通して，その気持ちはより強くなったことでしょう。一方，教師を現実として捉え始めた今，よい教師になれるだろうか，よい授業ができるだろうか，という不安や悩みもあるかもしれません。それでも，子供のために，という気持ちから，努力し学び続けようと思うのではないでしょうか。この気持ちが教師としての使命感や責任感，教育的愛情の始まりです。教職に就き子供から多くを学ぶことによって，教師としての使命感や責任感をより強く意識でき，教育的愛情も一層深まることでしょう。

　教育に対する使命感や責任感，教育的愛情は，教育の根底を支えるものです。こうした強い気持ちや優しい心があるからこそ，教育実践は子供中心になり，子供から学び，ともに成長しようとする意志が維持できるのです。教職実践演習において，再度，この点を自分自身に問いかけてみましょう。

参考文献

O.F. ボルノウ（森昭・岡田渥美訳）（2006）『教育を支えるもの』黎明書房.

（蘆田智絵）

Q 48 社会性や対人関係能力に関する事項を学ぶ意義について説明しなさい

「社会性や対人関係能力に関する事項」を教職実践演習で学ぶ意義は，複雑・多様化する学校を取り巻く教育的現実に対応するために，多種多様な人たちとの連携・協働が求められるためです。連携・協働の対象となるのは，①同僚教員，②保護者・地域住民，③学外の専門家等です。

1．学校を取り巻く複雑・多様な教育的現実

学校を取り巻く複雑・多様な教育的現実として次の3点を指摘できます。

1つ目は，特別な配慮を要する子供の数が増えていることです。いじめの重大事態や児童虐待相談対応件数が過去最多となり不登校の子供の数は高止まりしています。通常学級においても障害のある子供への合理的配慮の提供が求められ，外国籍の子供の数は全国的に増加しています。それぞれに個別的で包括的な支援・指導が求められます。

2つ目は，地域とともにある学校づくりに向けて，学校が保護者や地域社会と連携・協働の下で学校運営が推進されていることです。学校運営協議会を設置した学校（コミュニティ・スクール）の数は年々増加しており，学外の多様な人たちとの連携・協働が教師に求められています。

3つ目は，社会構造の急激な変化への対応が学校教育に求められていることです。少子高齢社会を生きる私たちはいま Society 5.0（超スマート社会）に移行する過渡期にいます。人口動態の変化と人工知能（AI）の技術発展によって労働の在り方は激変すると予測されています。生産年齢人口が減少する中で，新しい技術と協働できる子供の育成が求められます。

2．連携・協働の対象

複雑・多様化する現実を生き抜く力を子供に育むために，多様な人々との連携・協働を通した学校教育を展開する必要があります。

　①同僚教員との連携・協働については，そもそも学校教育は組織的な営みであることを指摘できます。教師は学校組織の一員として，協調性や柔軟性を持って校務の運営に当たり，他の教職員の意見やアドバイスに耳を傾けつつ，理解や協力を得ながら自らの職務を遂行して，子供を取り巻く複雑・多様な課題に教職員がチームとして向き合う必要があります。授業研究等の学校が持つ研修機能については，少子化による学校の小規模化によって同僚間の支え合い・学び合いの成立が難しくなることが指摘されています。学校間の連携・協働も一層求められることになるでしょう。

　②保護者・地域住民との連携・協働については，地域とともにある学校づくりの文脈でその必要性を確認できます。2017年に「地方教育行政の組織及び運営に関する法律」が改正され保護者や地域住民が学校運営に直接的に参画する学校運営協議会の設置が教育委員会に対して努力義務化されました。保護者・地域住民が教育の主体として学校運営に参画することで一方向的な支援を越えた連携・協働が求められています。

　③学校外の専門家との連携・協働については，子供の抱える課題に応じて開催される支援会議が好例です。支援会議には，学校職員の他に，医師，社会福祉士（ソーシャルワーカー），臨床心理士（カウンセラー），大学教員等の学識経験者らで構成されます。子供の個別的な課題に応じて必要な学外専門家を招聘し，包括的な支援・指導体制を構築します。

　このように，社会性と対人関係能力とは，基本的な挨拶や身だしなみ，言葉遣い等のマナーに留まらず，多用な人たちとの連携・協働を可能にする教員の必要最小の資質能力の１つです。教員志望の学生は社会性と対人関係能力を学生時代に身に付けることを意識して学修を進めましょう。

参考文献・URL

中央教育審議会 (2006)「今後の教員養成・免許制度の在り方について（答申）」，文部科学省.

早坂淳 (2017)「「協働」はいかにして可能か－わが国のコミュニティ・スクールにおける協働的実践の成果と課題から」，『教育方法学研究』18，教育方法研究会，pp.103-125.　　　　　　　　　　（早坂　淳）

Q 49　教科等の指導力に関する事項を学ぶ意義について説明しなさい

　教員には，教科等の授業だけでなく，学級経営や生徒指導，保護者対応など，様々な仕事があります。しかし，その仕事の中心となるのは教科等の指導である授業です。そこで，教職実践演習において，教科等の指導力に関する事項を学ぶ意義について述べます。

1. 教科等の指導力に関する事項を学ぶ意義

　昨今の教育改革の中で，「教員養成スタンダード」や「教員育成指標」，「教職課程コアカリキュラム」といった，教員の資質能力についての基準や指標に関する言及が多く見られています。それら教員の資質能力についての基準や指標の内容について，長谷川・菅野（2019）は，「学校種や教科の共通性という観点から，教職全般に関わる包括的な資質能力や，今日的な課題に対応するための資質能力が中心となっている」と述べるとともに，「実際の授業場面で必要とされる教科の専門的な知識・技能や教科指導力といった資質能力の議論は置き去りとなっている」と危機感を述べています。確かに，教員は複雑で多岐にわたる課題に対応していく必要があるため，教職全般に関する包括的で汎用的な資質能力や課題対応型の資質能力の育成が求められることも理解できます。しかし，教員の仕事の中心は，やはり教科等の指導である授業です。実際，教員養成カリキュラムにおいて，教科および教科の指導法に関する科目は，その多くの割合を占めています。そのため，教職実践演習において，教科等の指導力に関して自己を振り返るとともに，必要に応じて不足している知識や技能等を補い，その定着を図っていくことが求められています。ただし，教科等の指導力に関して教員に求められる資質能力については，単に教科内容に関する知識・技能や教育方法に関する知識・技能だけではなく，実際の授業場面で必要となってくる複合的な知識・技能の面からも捉えておくことが重要です。これら教科指導に必要な資質能力の再構

成については，ショーマンが提示した PCK（Pedagogical Content Knowledge）の概念を活用することができます（八田，2010）。

２．教科等の指導力で取り上げるべき内容

　2006年の中央教育審議会答申「今後の教員養成・免許制度の在り方について」において，教職実践演習の中に含まれるべき教科等の指導力に関する事項の到達目標例が示されています。具体的な内容としては，以下に示すものです。

①教科書の内容を理解しているなど，学習指導の基本的事項（教科等の知識や技能など）を身に付けている。

②板書，話し方，表情など授業を行う上での基本的な表現力を身に付けている。

③子供の反応や学習の定着状況に応じて，授業計画や学習形態等を工夫することができる。

　これらの到達目標を見てみると，①は教科内容に関する知識・技能，②は教育方法に関する知識・技能，③は実際の授業場面で必要となってくる複合的な知識・技能と捉えることができます。また，これらの到達目標が達成されているか判断したり，補ったりするためには，知識の確認，補充だけでなく，指導計画の立案や模擬授業，その協議会の実施を行うなどしていくことが重要になっています。実際に教育実習に行って，授業場面での子供の状況について理解を深められたことと思います。実習前の模擬授業では気付けなかった課題を取り上げ，教職実践演習で生かしていきましょう。

引用・参考文献

長谷川哲也・菅野文彦（2019）「教員育成改革下における「教員養成スタンダード」策定の意義と課題−静岡大学教育学部を事例として」『静岡大学教育実践総合センター紀要』29，pp.26-36.

八田幸恵（2010）「リー・ショーマンにおける教師の知識と学習過程に関する理論の展開」『教育方法学研究』35，pp.71-81.

（一色玲子）

Q50 保育内容の指導力に関する事項を学ぶ意義について述べなさい

『教職課程コアカリキュラム』（参考文献参照）を参考にすれば，保育内容の指導力とは，幼児の発達の側面である健康，人間関係，環境，言葉，表現の「5領域」を理解することと，保育を構想することからなる力と解釈できます。ここでは，教職実践演習において学生が「なぜ5領域を理解することが必要なのか」，また「なぜ保育を構想することが必要なのか」を解説します。

1．なぜ5領域を理解することが必要なのか

幼稚園教諭等の職に就くと，幼児の遊びを記録し，幼児の発達を考察するという職務があります。発達の考察には，「5領域」の「ねらい」と「内容」を用いるので，学生の間にこれらを理解しておくことが必要です。これを園庭の砂場で泥団子作りをしていた3歳児（A児）の事例を使って説明します。

A児の遊びの記録を「A児は教師を砂場に誘い，一緒に泥団子を作って遊ぼうと言った。A児は，教師が泥団子を作って自分に渡すことを喜び，教師が作った泥団子をたくさん集めていった」とつけます。この記録について，教師は5領域の「内容」を参考にしながら幼児の心の動きを考察します。例えば，A児は領域「人間関係」の「内容（1）先生や友達と共に過ごすことの喜びを味わっている」と考察するのです。そして，記録の考察欄に「泥団子作りを通してA児は教師と共に過ごす喜びを味わっていた」と記します。

次に教師は「ねらい」を参考にして幼児の発達の実情を考察します。先ほど「内容」で考察したA児の泥団子作り中の心の動きは，領域「人間関係」の「ねらい」（2）「身近な人と親しみ，関わりを深め，工夫したり，協力したりして一緒に活動する楽しさを味わい，愛情や信頼感をもつ」という発達の側面の一つに当てはまると考えるのです。ただ，A児のこの事例では「ねらい」の「身近な人」は「教師」と限定的であることと，その日のA児には「工夫したり，協力したり」する姿は見られなかったことに留意して，記録には

「A児の姿からは，泥団子作りで教師と親しみ，関わりを深め，一緒に活動する楽しさを味わい，教師への愛情や信頼感をもつという人と関わる力が発達していると考えられる」と記すのです。このように幼稚園教諭等は「5領域」を用いて幼児の発達を考察する職務があるので，幼稚園教諭等を目指す学生は，教職実践演習において平成29年度版幼稚園教育要領等に規定される「5領域」の「ねらい」と「内容」を頭に入れておくことが必要なのです。

2．なぜ保育を構想することが必要なのか

幼稚園教育要領には，幼稚園教諭は幼児期にふさわしい生活を展開しつつ，幼児を適切に指導し，幼児が発達に必要な体験を得られるようにすると規定されています。幼稚園教諭は保育を構想する，つまり，指導計画を作成するという実務を通してこの規定を実現しなければなりません。

指導計画には，「現在の幼児の発達の実情」，「ねらい」，「内容」，「予想される幼児の姿」，「環境構成・留意点・教師の援助」等の項目があります。まず「お店屋さんごっこで友達と協力している」等，「現在の幼児の発達の実情」を「5領域」に基づいて書き，「友達との関わりを深める」等育てたい「ねらい」を設定して指導の方向性を決定します。次に「友達の話を親しみをもって聞く」等「ねらい」の達成のために幼児に必要な体験を「内容」で具体化します。「予想される幼児の姿」ではクラス一人ひとりの幼児が「ねらい」に至る見通しを時間軸で細かく予想し，その一人ひとりへの予想に基づいて保育室や園庭等の空間や使用する物，教師の言葉がけ等を「環境構成・留意点・教師の援助」に記します。このように，幼稚園教諭は指導計画を作成して幼稚園教育要領の規定を遵守します。そのため教職実践演習において，保育を構想する，つまり指導計画の作成技術を身に付けておくことが必要なのです。

参考文献・URL

文部科学省（2017）「教職課程コアカリキュラムの在り方に関する検討会」
　　https://www.mext.go.jp/component/b_menu/shingi/toushin/__icsFiles/af
　　ieldfile/2017/11/27/1398442_1_3.pdf　2020年3月15日閲覧.

（若山育代）

Q 51 児童生徒理解に関する事項を学ぶ意義について説明しなさい

　児童生徒理解は，教師に求められる専門的力量のうちの重要な1つです。本項目では，教職実践演習において児童生徒理解に関する事項を学ぶ意義について答えたいと思います。

1．教師に求められる専門的力量としての児童生徒理解

　学生が教職実践演習において児童生徒理解に関する事項を学ぶ意義は，教師として子供と人間関係を築き，授業や学級をつくる上で必要な知識や技能を学ぶことにあります。児童生徒理解は，教師に求められる専門的力量のうちの重要な1つです。

　児童生徒理解とは，子供について過去から現在までの特徴・傾向を把握するとともに，その後の行動や将来の様子を予想することを意味します（江川2010）。教師は，教科指導や生活指導，生徒指導などを通して，日々，子供と関わりながら生活しています。そのため教師には，授業を構想し実践する際にも，また個々の子供を結びつけ，望ましい集団を形成する際にも，子供の特徴や傾向を理解することが求められます。

　ただし，教師自身では子供のことを理解しているつもりでも，子供の方では「先生は私のことを分かってくれない」や，「先生は私のことを見てくれていない」と感じている場合があります。それは，教師が子供の発言や目立った行動だけに注目しているために生じるものであると考えられます。児童生徒理解では，子供の言動の背景を捉えることや，学級内での子供同士の人間関係を深く理解することなど，それぞれがどのような状況に置かれているのかということを理解する必要があります。このような児童生徒理解は，教師が子供と長期的に関わることで得られると考えられます。

2．児童生徒理解と指導の関連性

　教師による子供への働きかけは，その教師が子供をどのように理解しているかによって変わると考えられます。そのため教師は，子供の現在の特徴や傾向を理解するのみではなく，その子供の将来の様子を予想し想像する必要があります。

　江川は，児童生徒理解のそうした2つの種類を，診断的理解と予測的理解と呼んで整理しました。診断的理解とは，子供の過去から現在までの特徴や傾向を理解することを意味します。予測的理解とは，診断的理解に基づいて子供の今後の様子や行動を予想し想像することです。ここでは，どの子供に対して個別に指示や指導をした方がよいのか，またその子供に対する指導効果を高めるためにはどのような言葉かけや指導が必要かなどを想像することが必要です。

　こうした児童生徒理解の内容は，本人に関する事柄と本人を取り巻く環境条件の2つの事柄を理解することによって得られると考えられます。本人に関する事柄には，学業や能力，性格，習慣，問題行動，興味関心，健康状態や発育状況，教科の好き嫌いや出席状況，集団活動の際の様子，家庭生活，交友関係，将来の希望や目標，自己理解，悩み事などがあります。また本人を取り巻く環境条件としては，家庭環境，所属する部活やクラブ，通っている塾，地域環境などがあります。

　学生にとって，教職実践演習は，実習中に学校現場で学んだことや，児童生徒理解の意味とその方法について，以上のような観点から振り返る機会となります。そこでの振り返りを通して，教職実践演習では児童生徒理解についての自身の考えをより深め，教職に生かしていくことが重要です。

参考文献

江川玟成（2010）「児童・生徒理解」江川玟成編『生徒指導の理論と方法3訂版』学芸図書，pp.39-50.

西岡加名恵ほか（2013）『教職実践演習ワークブック－ポートフォリオで教師力アップ』ミネルヴァ書房.

（村井輝久）

第6章

学びの軌跡の集大成としての教職実践演習の実際

Q 52　履修カルテを活用した教職課程の学修の振り返り方について述べなさい

　2006年に出された中央教育審議会答申「今後の教員養成・免許制度の在り方について」を踏まえて，2007年度に「教職実践演習」が教職課程の必修科目として新設されました。教職実践演習では，「履修カルテ」を活用して，学生の履修や学修の履歴を把握し，教員に求められる必要最小の資質能力が修得できているかを確認します。教育機関や教職課程ごとに細かな様式は異なりますが，共通するのは，ポートフォリオとルーブリックを通して相互評価と形成的評価を主体的に行い，学修の過程を俯瞰して次の学修に向けた展望を教員志望の学生にもたらす機能です。履修カルテは，学修の過程・展望の「見える化」と，主体的な評価の立体・複眼化と細分化を可能にします。

1．学修の過程と展望の「見える化」

（1）ポートフォリオ（portfolio）による学修過程の「見える化」

　履修カルテは，個別的・断片的な学修を集積することで，それまでの学修過程を「見える化」するポートフォリオとして活用できます。ポートフォリオとは直訳すると書類を保管するためのファイルを意味しますが，これは学修の履歴を保管・蓄積するだけではなく，学修過程を振り返り，自身の学びがどこから来てどこに至っているのかについての俯瞰図を手にするために活用することが重要です。

（2）ルーブリック（rubric）による学修展望の「見える化」

　履修カルテには，教員に求められる必要最小な資質能力の指標が評価規準として一覧にまとめられています。教員免許を取得するには複数の科目を履修することが必要ですが，どの指標の修得がどの科目で目指されているのかを確認できます。また，それぞれの指標には数的な評価である評価基準が設けられます。質的な規準と数的な基準を一覧にまとめた表をルーブリック（評価基準・規準表）と呼びます。履修カルテをルーブリックとして活用し，

評価基準・規準や到達目標に照らして，教員に必要最小な資質能力の何を今後修得する必要があるのかについて，学修の展望を「見える化」しましょう。

2．評価の立体・複眼化と評価の細分化

（1）相互評価（mutual assessment）による評価の立体・複眼化

　ポートフォリオとルーブリックによって学修の過程と展望を「見える化」したら，これについて担当教員から評価を受けます。担当教員から受けた評価をもとにして，次は自身の学びを省察してそこに自己評価を重ねます。教員から受けた他者評価に自己評価を重ねることで相互評価に発展させ，立体的・複眼的に自身の学修を振り返って今後の展望を確認することが大切です。

（2）形成的評価（formative assessment）による評価の細分化

　最後に，相互評価をどのタイミングで行うべきかを考えましょう。大学4年間・短大2年間の学修期間の最後に総括的な評価を行えばよいのでしょうか。たしかに総括的な評価も大事ですが，相互評価は学期（セメスター）ごとに行うことが必要です。学修の途中で行う評価を「形成的評価」（formative assessment）と呼びます。学修開始時の評価を「診断的評価」（diagnostic assessment）と呼び，学修完了時の評価を「総括的評価」（summative assessment）と呼びます。そして，これらを総じて「学習（学修）評価」（evaluation）と呼びます。形成的評価は学習（学修）評価の中途段階に位置し，診断的評価で設定された課題や目標がどの程度達成されているのかを評価し，総括的評価に向けて未達成の課題や目標を細分化して今後の学修に向けた道筋を再設定します。

　このように履修カルテを活用して，教員志望の学生には主体的かつ一体的に学修と評価を進めることが求められています。

参考文献

田中耕治（2008）『教育評価』岩波書店．

早坂淳（2019）「教育評価」樋口直宏編著『MINERVAはじめて学ぶ教職11　教育の方法と技術』ミネルヴァ書房，pp.119-132.

（早坂　淳）

Q 53　ロールプレイングを行う際の留意点について述べなさい

　教職実践演習では，教員になる上での課題を見出し，主体的に解決に取り組む方法として，ロールプレイング（役割演技）が取り入れられることが多くあります。ここでは，ロールプレイングを行う際の留意点について，目的等を踏まえて説明します。

1. ロールプレイングの目的とテーマ設定・役割

　ロールプレイングは，集団心理療法の一種として，精神科医のJ.L.モレノ（1889-1974）によって開発されました。現実に近い状況を設定し，参加者に特定の役割を演じさせることで，物事への視点の客観性を高める手法であり，それによって自己理解や自発性の涵養，対人関係上の洞察力，問題解決能力等を高めることができます。

　ロールプレイングのテーマは，教職実践演習の「教員として求められる4つの事項」に対応して設定することになるでしょう。例えば，「3. 幼児児童生徒理解や学級経営等に関する事項」では，子供同士の喧嘩，いじめ，不登校，教師への暴言・暴力や授業妨害等がテーマとして考えられます。演じる役割は，教師と子供（個人あるいは集団），保護者，同僚の教師，地域社会の人々といったものが挙げられます。ロールプレイングを演じない学生は，観察者として参加します。大学教員は実技指導を行い，演じた学生や観察者の意見を踏まえながら，課題を見出す視点の提案や解決に向けたフィードバックを行うこと等が求められます。

2. ロールプレイングの進め方と留意点

ロールプレイングを効果的に行うために，次の3点を心がけましょう。
（1）ロールプレイングの目的の再確認
ロールプレイングを行う場合，どうしても与えられた役割を上手く演じよ

うとしてしまいますが，それ自体が目的ではありません。設定された状況を客観的に理解し，課題の発見や解決につなげることを目的に取り組みましょう。1つの事例を共有することで，観察者も教師役の学生と同様に，教師の適切な対応を体験的に試行検討できる，という効果があります。また，その事例での対応を他者と議論する機会は，教師という仕事に対する理解や対人関係上の洞察力を高める貴重な経験となるでしょう。

（2）準備と情報共有

ロールプレイングでは，テーマ理解や役割に対する準備が重要です。授業時間に即興で与えられたテーマでは，テーマや役割に対する理解が不十分なことが多く，効果が得られにくくなります。事前に教師役や子供役の細かな設定やシナリオをレジュメにして共有しておくことが効果的でしょう。例えば，教師役は教員経験や指導の特徴等，問題行動を起こす子供役は性格特性や問題行動歴，場合によっては家庭環境等も含めて設定しておくことが必要です。また，ロールプレイングの様子を動画に収め，議論の際に活用することも効果的です。

（3）観察者の参与

観察者は，レジュメ等をもとに，ロールプレイングのテーマ設定や役割を把握し，客観的かつ批判的なコメントができるように努めましょう。一連のやりとりに対して，多面的な解釈を行い，議論することで，課題の発見やより建設的な解決の糸口が見つかると考えます。現職教員の参与が可能であれば，積極的に意見をもらうとよいでしょう。

参考文献

金子賢（1992）『教師のためのロールプレイング入門』学事出版.

丸山隆・八島禎宏（2006）『演じることで気づきが生まれるロールプレイング』学事出版.

（一色玲子）

Q 54 グループ討議を行う際の留意点について述べなさい

　教職実践演習において，その内容を効果的に展開するための方法の１つとして，グループ討論が挙げられています。そこで，グループ討論を行う際に，どのようなことに注意すれば，活発な討論になり，意義のある活動とすることができるのかについて答えたいと思います。

１．グループ討議とは

（１）グループ討議の意義

　グループ討議という学習方法の意義は，対話によって，他者の意見について触れることができるという点だと考えます。自分とは異なった意見について触れることができた場合には，自分の考えや価値観を広げていくことになります。また，自分と同じような意見に触れることができた場合には，自分の意見に対して，自信を持つことにつながります。また，グループ討議では，複数の人数で対話を行っていくことになります。そのため，グループ討議を意義のあるものにしていくためには，他者と協働していく必要があり，コミュニケーション能力の向上や社会性の発達といったことも望めると考えます。教育に関する問題は，多くの場合，決まった答えや解決策が存在しているわけではありません。色々な人と活発に意見を交わしていく中で，自分なりに答えを模索していく必要があります。従って，それらの問題を考えていく上で，グループ討議は，相性のよい学習方法の１つだと考えます。

（２）グループ討議の種類

　一言にグループ討議といっても，色々な種類が存在しています。ここでは，いくつかの種類を簡単に説明します。

　①自由討論型…あるテーマに沿って，自由に討議する形式です。テーマに関して，多角的・多面的に考えていくことに向いていると考えます。

　②ディベート型…あるテーマに対して，対立する２チームに分かれて討議

をする形式です。それぞれのチームの立場や状況を考慮することで，自分の考えや価値観を広げていくことに有効だと考えます。

③課題解決型…あるテーマに対して，最適な解決策について討議する形式です。実際に教育現場で起こりうる事例などについて，どういった対応を行うべきかなど，実践的に考えていくことに向いていると考えます。

2．グループ討議を成功させるために

（1）グループ討議の設定を考えよう

まず，グループ討議の目的を確認しましょう。その目的によって，グループ討議の種類が決まってくると考えます。次に，グループの人数設定を行いましょう。人数が少なければ，発言の機会は増えますが，多様な意見が出にくくなることを考慮に入れて，人数を選択しましょう。また，グループ討議の内容設定は重要です。討議する目的に合った内容を選択するのはもちろんのこと，大人数が参加する場合には，それぞれのグループで異なった内容を討議するのか，同一内容について討議するのかの設定も必要です。最後に所要時間の設定を行いましょう。話し合う時間だけでなく，グループごとの意見の共有の時間や振り返りの時間を設定することも重要です。

（2）グループ討議の原則を確認しよう

グループ討議の原則を確認しておきましょう。まずは，相手の意見を傾聴することが重要です。相手の発言を遮ったり，否定したりしてはいけません。相手の意見を受け入れるところから始めましょう。また，自分の意見を言う際には，長くならないように注意するとともに，論理的に話すことができるように注意しましょう。

（3）グループ討議の準備をしよう

いきなりグループ討議を行うという方法もありますが，その場合，グループ討議が活発に行われないことがあります。事前に個人個人で，討議内容について考える時間を設定するとよいと考えます。そうすることで，グループ討議の際，自信を持って発言することができるとともに，発言せずに参加するだけといった人を減らすことにもつながると考えます。　　　　（久保研二）

Q 55　学級経営案を作成する際の留意点について述べなさい

　学級経営案は，1年間を通してどのように学級経営を行っていくかを示すものであり，よりよい学級づくりへの道筋を示したものです。

　ここでは，「学級経営案を作成するねらい」「学級経営案の作成手順と活用」について説明した上で，「学級経営案作成の留意事項」について示します。

1．学級経営案を作成するねらい

　学級とは学校における最も基本的な集団で，子供の実態をもとに教育的配慮により，意図を持って形成された集団です。学級の子供一人ひとりを，また学級全体をよりよく成長させるためには，ゴールとそこまでの行程を明確にしておくことが重要になります。そのために作成するのが学級経営案です。学級経営案には，学級の目標を達成するための効果的な組織づくりと計画的な運営というねらいがあるのです。

2．学級経営案の作成手順と活用

　学級経営案に定められた様式はありません。学校の現状や特色によって変わるため，それぞれの学校で独自の様式を作成しています（表6-55-1）。

　一般的に学級経営案は次のような手順で作成し，活用します。

①学校教育目標・学年目標を確認し，学級の実態や保護者の願い等を把握します。

②①を基に，学級目標，目指す子供の姿を設定し，評価指標を明確にします。

③学校行事や各教科等の年間計画と関連付けながら，具体的な指導計画を立てます。

④学習指導や生徒指導，家庭・地域との連携等について，指導の手立て等

を明確にします。

⑤②で定めた評価指標を基に，学期ごとに評価を行い，指導計画，指導の
　手立てを修正します。

⑥1年間の終了時に総括的な評価を行います。

3. 学級経営案作成の留意事項

　学級経営案は，作成して終わるものではありません。目標に対する子供や
学級の到達状況を把握し，取組を振り返り，そして，指導方法等の改善を行
うために活用します。そのため，学級経営案の作成時には次のことに留意し
ます。

・担任の思いだけで作成することなく，学校教育目標や学年目標を十分に
　理解し，学級の実態や保護者の思いに即して目標や方針を立てること。

・学級目標はスローガンやキャッチフレーズのようなものにならないよう
　留意すること。

・前担任と連携し，前年の方針や指導の進め方などを理解しておくこと。

・同学年の担任と連携し，意思の疎通を図っておくこと。

・客観的データや他の教員の助言等を活用し，学力の実態，交友関係等，
　多面的・多角的な視点で子供の実態や学級の特色を把握しておくこと。

・具体的指導方法や指導の工夫を明らかにすること。

・学校経営案に書かれている内容（学校目標，子供の実態，学級目標，活
　動計画，指導の工夫，評価計画）が整合し，1つのストーリーとなるよ
　うにすること。

・学期ごとに評価し，指導法などを改善できるようにすること。

・アンケートを利用し子供の思いや考えを評価に反映させたり，他の教師
　からの評価を参考にしたりするなど，多様な方法を用いて，客観的かつ
　多角的な視点で評価できるようにすること。

表6-55-1　小学校における学級経営案の例

●●○○年度　○年○組　学級経営案

担任～～　～～

【学校教育目標】
～～～～
【学年目標】

【児童の実態】
☆児童数　○名（男子○名　女子○名）
☆児童の到達状況と課題（子供の具体的姿）
　○豊かな人間性

　○健康・体力

　○確かな学力
　　●個別の知識・技能

　　●思考力・判断力・表現力等

　　●学びに向かう力，人間性等

保護者の願い

☆学級目標と評価指標　※何ができるようになるか
　～～～～
☆育成を目指す資質・能力（目指す児童の具体的姿）

○豊かな人間性 　◇（具体的な児童の姿） 　□（評価指標） ○健康・体力 　◇ 　□ ○学習の基盤となる力 　◇ 　□	○確かな学力 　●個別の知識・技能 　◇ 　□ 　●思考力・判断力・表現力等 　◇ 　□ 　●学びに向かう力，人間性等 　◇ 　□

1年間の活動計画　※何を学ぶか・何をするか

月	評価に係る取組	月	評価に係る取組	月	評価に係る取組
4月		8−9月		1月	
5月		10月		2月	
6月		11月		3月	
7月		12月			

日々の活動

指導の工夫・留意点　※どのように学ぶか・どのようにするか

学習指導の重点

●学びの充実のための工夫

●学習規律に係る指導の工夫

●その他

○生徒指導上の工夫
　●学級規律・マナーに係る指導の工夫

　●学習環境の整備の工夫

特別活動の重点

家庭・地域との連携の重点

評価計画

月	評価に係る取組	月	評価に係る取組	月	評価に係る取組
4月		8−9月		1月	
5月		10月		2月	
6月		11月		3月	
7月		12月			

（亀岡圭太）

Q 56　教員としての社会性や対人関係能力を向上させる方法について述べなさい

　第5章Q48でも述べた通り，教員には学内外の様々な人たちとの連携・協働を可能にする社会性や対人関係能力が求められます。この社会性や対人関係能力の向上を図るには，理論を学ぶことと実践に身を投じることの両方が効果的です。理論については，連携や協働に係るこれまでの研究の蓄積が参考になります。実践については，学校教育や社会教育をフィールドにしたボランティアやサービス・ラーニングへの参加が1つの方法です。

1．理論的探究─連携と協働の成立メカニズム

　価値観や能力の違う他者と，理念や目的を共有して，目標の達成のために協力して活動することを連携や協働と呼びます。それまで個別に活動していた個人や組織をつなげることを連携と呼び，連携した個人や組織の活動を通して新しい価値を創発することを協働と呼びます。近年の「地域とともにある学校づくり」や「地域学校協働活動」の文脈では地域社会と学校との連携・協働に注目が集まっています。どちらにも共通するのが①理念の共有，②責任と補完です。協働に特徴的なのが③対等・並立の関係性と④求同尊異です。

（1）理念の共有

　連携・協働には個人や組織の違いを越えて共有できる最上位目標や理念が必要です。ボランティア等で地域や学校をフィールドに活動する際は，そのフィールドにいる人たちが大切にしている理念は何か理解しましょう。

（2）責任と補完

　どのフィールドでも指示待ちで主体性のない人は歓迎されません。そこでの活動を「自分事」として考える責任感が求められます。互いに協力を仰ぎそれぞれの持つ資質や能力を補完し合って課題に向き合うことも必要です。

（3）対等・並立の関係性

　連携した個人や組織が新しい価値を生む協働を発展させるには，上下関係

よりも対等・並立の関係性が望ましいことが知られています。年齢や経験や立場や役職を越えて互いを最大限に尊重する姿勢が求められます。

（4）求同尊異

本来は「求同存異」（それぞれ違う点は認めながらも共同の目標を追求する）という四字熟語です。「存」を「尊」に換えて発展させ，それぞれ違う点を尊ぶことに主眼を置きます。協働には互いの違いを楽しむ姿勢が求められます。

2．実践的探究―ボランティアやサービス・ラーニングへの参加

社会性や対人関係能力の向上を図る際の実践として，①見返りを求めない無償の奉仕的活動としてのボランティアと，②ボランティアの精神を基本としつつも学びを報酬として受け取るサービス・ラーニングの二つがあります。

ボランティアでは，支援を必要としているフィールドがまずあって，そこに外部から無償の支援を提供します。フィールドの要望や必要性に従った活動となるため，フィールドの実際を体験する上では有効ですが，一方で参加者の主体性や責任が育ちにくいという課題も同時に抱えています。

サービス・ラーニングでは，学びたい人がまずいて，その学びに適したフィールドに無償の支援を提供しつつ対価として学びを受け取ります。またその学びについて大学教員やフィールドの職員等から指導を受けて，学びをさらに発展させることを目指します。教員志望の大学生は，まずボランティアとしてフィールド（地域や学校）に入り，体験を通じてフィールドの実際を知ることで学びの必要性を醸成しましょう。学びたい内容が定まってきたら，指導を仰ぎつつ，サービス・ラーニングに発展させるとよいでしょう。

参考文献

唐木清志（2008）『子どもの社会参加と社会科教育－日本型サービス・ラーニングの構想』東洋館出版社．

早坂 淳（2017）「「協働」はいかにして可能か－わが国のコミュニティ・スクールにおける協働的実践の成果と課題から」『教育方法学研究』18，教育方法研究会，pp.103-125.　　　　　　（早坂　淳）

Q 57　児童生徒理解を深める方法について述べなさい

　児童生徒理解は，あらゆる教育活動の基盤となるものです。ここでは，どのような視点で，どのような対象で，どのような方法で児童生徒理解を深めることができるのかについて説明したいと思います。

1．児童生徒理解の視点

　教育実習では多様な子供たちと実際に交流を持ってきたと思いますが，子供への理解を深めるために2つの視点を持つことが重要です。

　1つは「一般性（法則性）理解」です。例えば，各学年・発達段階で子供たちがどのような特徴を持つのか，一般にどのような学習過程を辿るのかといった理解です。これは各種の研究で裏付けされるような理解であるとともに，多くの子供たちと接する中で帰納的に理解していくものと考えられます。

　もう1つは「独自性（個性）理解」であり，子供一人ひとりについて，多様な情報を収集し，見取りを重ねていくことで得る理解です。ある生徒Aさんの性格や得意不得意，人間関係，家庭環境など，実際に指導を行う上での基礎であり，配慮事項となるものです。

　両者を有機的に関連付けていくことが教育活動の充実に繋がります。

2．児童生徒理解の対象

　児童生徒理解ということばで一括りにしていますが，個人なのか集団なのか，学習面なのか生活面なのかなど多様な側面が存在します。

　適切な授業や学級づくりを行う際，個人に対する理解だけでは不十分です。特に，子供同士の人間関係や，学級集団としての関係性，および教師との関係性の理解が必要となります。子供たちの集団としての関係性は，学習成果にも影響するため，その変容に着目した適切な見取りと対処が必要です。

　また，文部科学省が発行する『生徒指導提要』には，教師が理解すべき児童生徒の領域として，身体的な能力，知的な能力，学力，性格的な特徴，興

味や要求や悩み，交友関係，家庭環境，生育歴が挙げられています。この他にも，適性や進路希望，健康状態，ある期間での成長など，様々な領域が挙げられるでしょう。個人と集団のそれぞれにおいて，上記の多様な領域をどの程度理解できているのか，という考え方が重要です。

3．児童生徒理解の方法

　児童生徒理解の方法を大別すると，①観察法，②面接法，③調査法，④検査法，⑤業績法があります。①観察法では，様々な場面で意図的・無意図的に活動状況や態度を見取ります。②面接法では，個人・グループと直接対話します。③調査法では，予め決めた事項や事実関係を本人や友人，家族などに直接または質問紙などで縦断的にあるいは横断的に調べます。④検査法では，標準化された心理テスト（WISC‑Ⅳ等の知能検査や内田クレペリン検査等の性格検査，後述するQ‑Uなど）を目的に応じて用います。⑤業績法では，子供の成果物（作品）を基に，学習状況や心理状態を把握します。

　どの方法を用いる場合でも重要となるのは，子供たちのどのような側面を何のために理解するのかという目的との関係です。成績評価のための観察と問題行動の背景を探る観察では，自ずと着眼点や条件も異なるでしょう。また，背景としての人間関係を探るためには，「楽しい学校生活を送るためのアンケートQ‑U」のような心理検査も選択肢に入るでしょう。

　様々な方法をテスト・バッテリーとして組み合わせながら，子供たちを総合的に多面的に理解することや，自分自身の児童生徒理解の在り方自体を省みることが，児童生徒理解を深めるためには重要です。独善的理解に陥らないように，周囲と理解の在り方や方法を共有し，振り返ってみましょう。

参考文献
濱口佳和編著（2018）『MINERVAはじめて学ぶ教職5　教育心理学』ミネルヴァ書房.

原野広太郎（1989）『教師のための児童生徒理解』金子書房.

梶田叡一（1972）『児童・生徒理解と教育の過程』金子書房.

文部科学省（2010）『生徒指導提要』教育図書.　　　　　　　　　（藤井真吾）

Q 58 教育実習を踏まえた模擬授業の意義について述べなさい

　模擬授業とは，教師としての力量を高めるために，教師役と児童生徒役に分かれ，実際の授業を想定しながら模擬的に授業を行う手法です。教師の実践的指導力を養成する方法として用いられており，昨今では教員採用選考試験においても実施する都道府県が増えています。教職実践演習においても内容・方法例の一つとして示されており，教科指導に関する実践的指導力を高めることが期待されています。

1．教育実習を踏まえた模擬授業を行う意義

　教職実践演習は大学の教職課程において，教員として求められる4つの事項（1．使命感や責任感，教育的愛情等に関する事項，2．社会性や対人関係能力に関する事項，3．幼児児童生徒理解や学級経営等に関する事項，4．教科・保育内容等の指導力に関する事項）を確実に身に付けるともに，その資質能力の全体を明示的に確認する科目として位置づけられています。とりわけ，模擬授業は，「4．教科・保育内容等の指導力に関する事項」に大きく関係すると考えられ，教師の教科指導力を計画－実施－省察の流れで総合的に向上させるとともに，習得状況について確認することができます。「4．教科・保育内容等の指導力に関する事項」は，例えば，教科書の内容を理解しているなど，学習指導の基本的事項（教科等の知識や技能など）や，板書，話し方，表情など授業を行う上での基本的な表現力，子供の反応や学習の定着状況に応じて，授業計画や学習形態等を工夫することなどが挙げられています。教育実習以前の模擬授業では，大学生を対象としているため授業中の教師の行動に対するリアルな子供たちの反応について学ぶことは難しく，この点において，教職実践演習で行う模擬授業とは大きな違いがあります。例えば，教材に関する説明を一つとっても，大学生と子供とでは，理解力や学習意欲，集中力に乖離があることは容易に想像できます。そのため，

教職実践演習で行う模擬授業では，教育実習における子供たちとの関わりを想起しながら計画－実施－省察していくことが必要となります。

２．模擬授業を行う際の留意点

　模擬授業等の実践に関して「授業者（教師役）」，「学習者（児童生徒役）」，「観察者（記録役）」の３つの立場が存在します。教育実習における学習を踏まえれば，３者それぞれがリアルな子供たちのイメージを持って参加することで効果的な学習をすることができるでしょう。授業者の立場からは，教育実習の反省を踏まえ，上手くいかなかったところや，予想される反応と違ったところなどを改善した上で，省察の際にどのように改善を図ったのかを共有することで，活発な議論が期待できます。また，学習者の立場からは，実際の子供たちを演じる必要はないと思いますが，授業中の反応を想定し，自らの経験と比較しながら参加すると教育実習前には気付かなかったことが見えてくるでしょう。観察者は，授業全体を俯瞰することも必要ですが，子供一人ひとりに目を向け，「私の受け持った子供にはこんな反応をした子がいました」など，具体的に一人ひとり違った反応を示す子供に言及するとよりリアルな場面を想起できると考えられます。以上の点を踏まえ，模擬授業を教育実習前とは異なった視点で計画－実施－省察し，実践的指導力を高めることが求められます。

参考文献・URL

渡辺貴裕（2018）「第6章　実践的指導力を高めるために」石井英真・渡邊洋子編著『教育実習　教職実践演習　フィールドワーク』協同出版.

文部科学省（2006）「教職実践演習（仮称）について」https://www.mext.go.jp/b_menu/shingi/chukyo/chukyo0/toushin /attach/1337016.htm　2020年5月7日閲覧.

（齋藤拓真）

Q 59　模擬授業の省察の仕方のポイントについて述べなさい

　教師として成長していくにあたって，授業実践を省察していく力が求められています。そこで，省察とはどういうことか，教職実践演習での模擬授業において，どのように省察を行っていけばよいのかについて述べます。

1．省察とは

　現在，教師の専門職像については，「技術的熟達者」（technical expert）と「反省的実践家」（reflective practitioner）の2つの考えが対立関係，あるいは相互補完関係として並置され，教師教育改革の議論を枠づけています（石井，2013）。この枠組みを提起したのが，Schönです。そして，Schönは，実践の状況が複雑であり，その実践の状況に働く高度で総合的な見識が必要な教師といった専門職においては，「反省的実践家」であることの必要性を説いています（Schön，1983）。さらに，日本においても，このSchönの考えが佐藤学らによって日本に紹介され，大きく広がってきました。省察の概念の捉え方は，研究者の間でも様々に解釈され，一定になっていないのが現状です。しかし，問題解決的もしくは問題探究的な思考，つまり，どうすればその状況をよりよいものとしていけるかという思考であるということは共通して捉えられると考えます。また，省察を深めていくうえで，他者との対話が重要になってくるという点も共通の考えとなる部分です。他者との対話によって，自分では気付くことのできなかった新しい視点や考え方に触れることができ，より深い省察を行うことができるようになるからです。

2．模擬授業において，どのような省察を行っていくべきか

　それでは，模擬授業，特に模擬授業後の協議会において，どのように省察を行っていくべきかを授業者と授業者以外の模擬授業参加者（以下，観察者等）に分けて説明していきます。

　まず，授業者の省察のポイントです。授業者は，省察を行いやすい立場に
います。模擬授業を行っている際には，様々な問題に気付き対応していくこ
とになるでしょうし，協議会の際にも，観察者等から色々な問題を指摘され
ることになります。さらに，自己の実践であることから，当事者意識を持っ
て省察を行っていくことができると考えます。木原（2004）は，初任教師は
「問題を問題として認識できない問題に当面している」と指摘しています。
そのため，授業者が気付いていない問題について，他者から多く指摘される
ことが予想されます。授業者の省察を促していくためには，授業者が，それ
らの意見に真摯に耳を傾けることが重要になってきます。

　次に，観察者等がどのように省察を行っていくべきかについて述べます。
観察者等も，授業中に様々な問題に気付くと思います。しかし，協議会にお
いて，観察者等は，それらの問題についての感想や意見，批評を述べると
いったことで終わってしまうことが多く見られます。それでは，授業者の省
察を促すことにはなっても，観察者等が省察を行っているとはいえません。
そこで，観察者等が省察を行うためには，自分自身の今までの授業に関する
考え方を問い直したり，自己の実践改善につなげたりしていくことが必要で
す。この際に，ワークシートを用い，問題に対して自分ならばどうするかと
いったことを書くことで，より省察の意識を持つことができるでしょう。

　また，授業協議の中で，対話のみでは，問題の起こっている状況を共有し
にくいことがあります。そのため，授業をビデオ等で撮影し，それらの映像
による授業場面の共有を行うことで，互いの省察をより促すことができると
考えます。

引用・参考文献

石井英真（2013）「教師の専門職像をどう構想するか－技術的熟達者と省察
　　　的実践家の二項対立図式を超えて」『教育方法の探究』16, pp.9-16.
木原俊行（2004）『授業研究と教師の成長』日本文教出版.
Schön, D.A.（1983）*The reflective practitioner:How professionals think in
　　　action*, Basic Books.

（久保研二）

Q 60　現地調査の留意点について述べなさい

　現地調査は，自己課題の明確化と調査内容の厳選，熱意や誠実さに加え段取りや流れを把握した上での実施が求められます。また，現地調査で獲得された情報には，倫理的な責任が伴い，価値づけよりも意味づけを重視することが求められます。

1．現地調査に臨むにあたっての自己課題の明確化と調査内容の厳選

　現地調査（フィールドワーク，学校および関連施設等の現場訪問）（以下，現地調査）は，教育される客体ではなく，自分自身で現地における学びの場や事後の省察方法をデザインし，教員として資質能力を確認できるよう自律的に学ぶ主体としての視点を中核に備えておく必要があります。現地調査の前段として，現地を選定した理由は，どういった自己課題に基づいたものであるのか明確化しておかねばなりません。すなわち，漠然と現地調査に臨むのではなく，事前にこれまでの学習と教育実践に関する自己課題を緻密に検討し，自己課題に応じた現地を選定することが重要です。自己課題の検討は，自分にとって何が課題であるのか自覚を促し，必要に応じて不足している教員としての資質能力を補おうとする新たな学びを方向づけます。また，自己課題の検討は，現地で何を捉える必要があるのかといった対象の特定，捉え方や着眼点，どこまで捉える必要があるのか等，ともすれば複雑となる現地調査の内容を焦点化することにも役立ちます。無論，現地調査の内容は自己課題の解決だけでなく，現地に関わる人々の安全性が担保され実行可能であるかを吟味し，教員として真に必要な内容であるかも加味せねばなりません。すなわち，多角的な視点から自己課題と現地調査の内容を対応させ絞り込んでいく厳選作業が重要です。この作業は，学んできた知識を踏まえ現地を真摯に思考する機会といえるでしょう。そして，現地に直接携わる当事者意識を涵養し，現地調査を実施する重要性の再認識に繋がります。

２．基本的留意点

　現地調査を承諾し，受け入れる学校や関連施設等は，後進育成のために時間と労力を割き真摯に対応します。そのため，現地の貴重な時間を自分自身が使わせてもらっていることを心がけねばなりません。そして，熱意や誠実さを持ち，予定変更の無いよう自身の健康管理に努め，現地の基本的なルールに鑑み現地調査を実施する必要があります。また，場面に即した言葉の使い方（挨拶や敬語の使い方），身だしなみ（髪型や服装），そして振る舞い（姿勢やお辞儀の作法）といった基本的なマナーを守りましょう。また，現地調査に関わる担当者に対する報告・連絡・相談の徹底と礼儀に気をつけねばなりません。現地調査当日は時間前の到着を遵守するだけでなく，当該日の段取りや流れを時間軸に沿って把握しておくことも求められます。

３．現地調査で獲得された情報の捉え方

　現地調査は，現地に十分な説明を心掛け，調査内容に疑問や不安を感じることがなく内容の安全性が確かめられ，適切な合意に基づき進めましょう。加えて，現地調査で知り得た情報や記録は，匿名性を原則とし，個人情報の漏洩がないよう最大限の注意を払う必要があります。すなわち，倫理的な責任が伴います。なお，外部の人間が現地に出向くことは，現地の人々にとって非日常的な事柄です。現地で実施されていることに対する調査や情報収集は，現地側の視点に立脚すれば何らかの評価と捉えられる可能性もあります。そのため，現地調査で獲得される情報について善し悪しの価値づけではなく，どういった意味があるのかという意味づけを目指す必要があるのです。

参考文献

文野洋（2001）「フィールド研究の倫理」尾見康博・伊藤哲司編著『心理学におけるフィールド研究の現場』北大路書房.

廣嶋龍太郎（2013）「社会人・組織の一員としての自覚と協働」青木秀雄編『教職実践演習　磨きあい高めあう熱意ある教師に』明星大学出版部.

（野中陽一朗）

編著者・執筆者一覧

[編著者]

三田部　勇　筑波大学体育系准教授。
　著書：(分担執筆)『初等体育科教育』(ミネルヴァ書房，2018年)，(分担執筆)『体育科教育学入門 [三訂版]』(大修館書店，2021年)。

米沢　崇　広島大学大学院准教授，博士 (教育学)。
　著書：(分担執筆)『総合的な学習の時間・総合的な探究の時間の新展開』(学術図書，2019年)，(分担執筆)『教師教育講座第6巻【改訂版】教育課程論』(協同出版，2018年)。

[執筆者] (50音順)

　蘆田智絵　　(就実大学講師)

　李　禧承　　(桐蔭横浜大学准教授)

　一色玲子　　(島根大学客員研究員)

　大西祐司　　(びわこ成蹊スポーツ大学講師)

　亀岡圭太　　(前広島大学大学院准教授)

　北山佳恵　　(広島大学大学院生)

　久保研二　　(島根大学教職大学院准教授)

　古賀竣也　　(筑波大学大学院生)

　齋藤拓真　　(筑波大学体育系特任助教)

　志田正訓　　(筑波大学附属小学校教諭)

　関野智史　　(筑波大学附属中学校教諭)

　髙橋　均　　(広島大学大学院講師)

　立田瑞穂　　(龍谷大学講師)

　田邉良祐　　(岐阜協立大学講師)

　中井悠加　　(島根県立大学准教授)

　野中陽一朗　(高知大学講師)

　早坂　淳　　(長野大学教授)

　藤井真吾　　(名古屋学院大学講師)

　藤井　瞳　　(川崎医療福祉大学助教)

　藤木大介　　(広島大学大学院准教授)

牧瀬翔麻　　（島根県立大学講師）

三島知剛　　（岡山大学講師）

三田沙織　　（琉球大学講師）

宮木秀雄　　（山口大学講師）

村井輝久　　（武蔵丘短期大学講師）

山田洋平　　（島根県立大学准教授）

山崎　茜　　（広島大学大学院講師）

若山育代　　（富山大学准教授）

装幀：奈交サービス株式会社
DTP：片野吉晶

新・教職課程演習　第22巻

教育実習・教職実践演習
_____

　令和3年7月20日　第1刷発行

　編著者　三田部勇 ©
　　　　　米沢　崇 ©
　発行者　小貫輝雄
　発行所　協同出版株式会社
　　　　　〒101-0054　東京都千代田区神田錦町2-5
　　　　　　　　　　　電話　03-3295-1341（営業）　03-3295-6291（編集）
　　　　　　　　　　　振替　00190-4-94061
　印刷所　協同出版・POD工場

ISBN978-4-319-00363-1

新・教職課程演習

広島大学監事 野上智行 編集顧問
筑波大学人間系教授 清水美憲／広島大学大学院教授 小山正孝 監修
筑波大学人間系教授 浜田博文・井田仁康／広島大学名誉教授 深澤広明・広島大学大学院教授 棚橋健治 副監修

全22巻　A5判

協同出版